vitamine 1

Cahier d'exercices

C. Martin
D. Pastor

CLE
INTERNATIONAL

www.cle-inter.com

Coordination éditoriale : D. García
Direction éditoriale : S. Courtier
Conception graphique et couverture : Zoográfico
Dessins : J. Bosch, I. Burgos, E. R. Mira, H. Thomassen, Zoográfico

Photographies : G. Rodríguez ; J. Jaime ; Prats i Camp s ; S. Enríquez ; *TERRANOVA INTERPRETACIÓN Y GESTION AMBIENTA L ; A. G. E.* FOTOSTOCK / Claude Nuridsany & Marie Perennou ; FOTONONSTOP ; HIGHRES PRESS STOCK / AbleStock.com ; I. Preysler ; JOHN FOXX IMAGES ; PHOTODISC ; STOCKBYTE ; MATTON-BILD ; PHILIPS ; SERIDEC PHOTOIMAGENES CD ; ARCHIVO SANTILLANA

Recherche iconographique : M. Barcenilla
Coordination artistique : C. Aguilera
Direction artistique : J. Crespo
Correction : A. García, A. Jouanjus, A.-F. Pueyo
Coordination technique : J. Á. Muela Ramiro
Direction technique : Á. García Encinar
Réalisation audio : Transmarató Espectacles S.L.
Compositions musicales : A. Prió, A. Vilardebò
Enregistrements et montage : Estudio Maratón. Barcelona
Direction : A. Vilardebò, I. Bres

© 2009, CLE International
© 2009, C. Martín Nolla, D.-D. Pastor
© 2009, S.E.S.L.

ISBN : 978-2-09-035478-2

TABLE DES MATIÈRES

Je découvre mon cahier 4

UNITÉ 1
Premiers mots en français 5
Bonjour ! Comment tu t'appelles ? 6
Comment ça va ? 7
BD : Deux as du skate 8
Les nombres de 1 à 10 9
Révision 10

UNITÉ 2
Dans le cartable, qu'est-ce qu'il y a ? 11
Qu'est-ce que c'est ? 12
Les couleurs 13
BD : Roger le cahier 15
Test : Es-tu un as en français ? 16

UNITÉ 3
Un petit animal, c'est génial ! 17
Toc, toc... qui est-ce ? 18
Les nombres de 1 à 20 19
Quel âge tu as ? 20
BD : Le coffre à surprises 21
Révision 22

UNITÉ 4
L'aventure de Métallix 23
Qu'est-ce que tu aimes ? Qu'est-ce que tu n'aimes pas ? 24
BD : Fanny est très occupée ! 26
Test : Es-tu un as en français ? 28

UNITÉ 5
La valise est prête ! 29
La famille de Diaboline 30
Les habits de la semaine / Les nombres de 20 à 50 32
BD : La famille Chaussure 33
Révision 34

UNITÉ 6
Plein de vitamines 35
À l'épicerie 36
Qu'est-ce qu'il y a dans le caddie ? 37
BD : Zipp est dans la lune 38
Test : Es-tu un as en français ? 40

UNITÉ 7
1, 2, 3 ! Samba ! Samba ! 41
Camembert et Roquefort adorent le fromage 42
La sieste des Dupont 43
BD : J'ai un copain monstre 44
Révision 46

UNITÉ 8
Les mois de l'année 47
Bon anniversaire ! 48
C'est la fête ! 50
Test : Es-tu un as en français ? 52

MON DICO 53

VITAMINE 1
Je découvre mon cahier

LES CONSIGNES

coche

☒

entoure

(mon cahier)

écoute

complète

mon ca<u>hie</u>r

associe

mon — cahier

mets dans l'ordre

d'exercices ■ cahier ■ mon

↓

mon cahier d'exercices

colorie

recopie

mon cahier
↓
mon cahier

relie

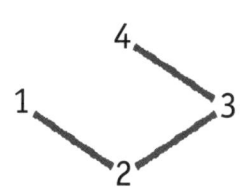

1–2–3–4

barre

~~mon cahier~~

souligne

<u>mon cahier</u>

sépare les mots

moncahierd'exercices
↓
mon cahier d'exercices

écris

mon cahier d'exercices

4 • quatre

UNITÉ 1

PREMIERS MOTS EN FRANÇAIS

1 Que mange Métallix ? Écoute et coche d'une croix. ☒

1) [X]
2) ☐
3) ☐
4) ☐
5) ☐
6) ☐
7) ☐
8) ☐
9) ☐

2 Écoute et entoure le bon dessin.

1) a, b, c, d, e (e entouré)
2) a, b, c, d, e
3) a, b, c, d, e
4) a, b, c, d, e

cinq • 5

Bonjour ! Comment tu t'appelles ?

1 Écoute. Qui parle ? Coche d'une croix.

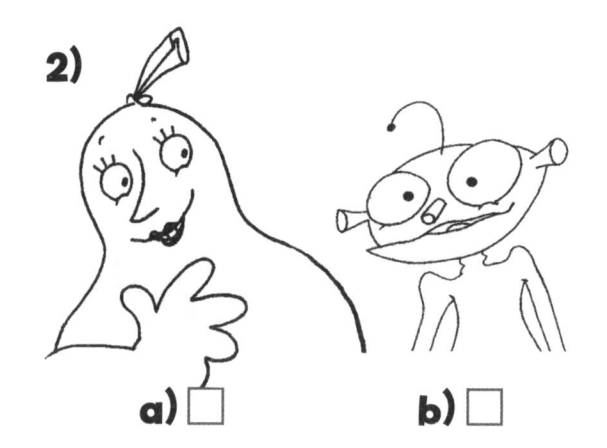

1) a) ☐   b) ☐

2) a) ☐   b) ☐

2 Complète les bulles à l'aide des mots suivants.

Je ▪ Comment ▪ appelle ▪ toi ▪ Salut

1) Bonjour ! Comment tu t'appelles ?
   — Je m'........ Sarah, et toi ?
   — .... m'appelle Daniel.

2) Salut !
   — Je m'appelle Électronix, et .... ?
   — .... !
   — Oh !
   — Je m'appelle Électronixa.

Écoute et vérifie.

À toi !

Comment tu t'appelles ?

Je ....

COMMENT ÇA VA ?

1 Complète le dialogue à l'aide des phrases suivantes.

Bonjour Métallix ! ▪ Au revoir ! ▪ Comme ci comme ça !

- Bonjour Fanny !
- Bonjour Métallix !
- Ça va ?
- ....
- Aaaatchoum !
- Au revoir Fanny !!!
- ....
- Atchoum ! Atchoumm !!!

Écoute et vérifie.

2 Complète le dialogue.

- S..a..l....t, c......mme .... t ç...... va ?
- ......rès bien, me......ci.
- Tr........s ma........ !

3 boîte à sons — Si tu entends le son [ã] d'éléphant, coche d'une croix.

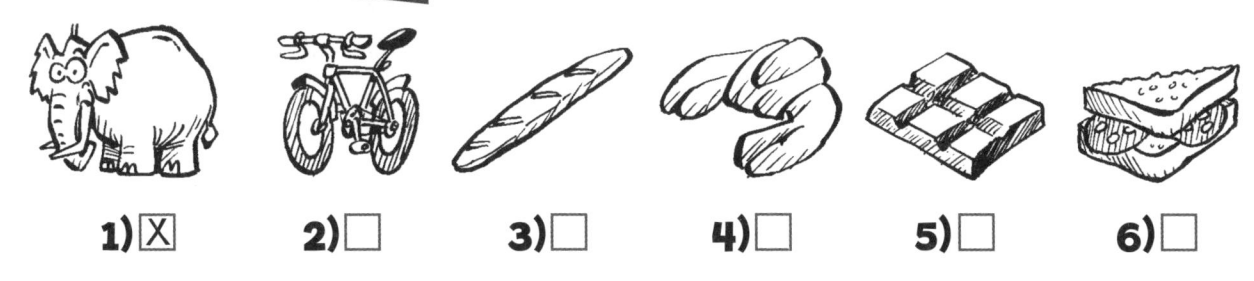

1) [X] 2) ☐ 3) ☐ 4) ☐ 5) ☐ 6) ☐

BD Deux as du skate

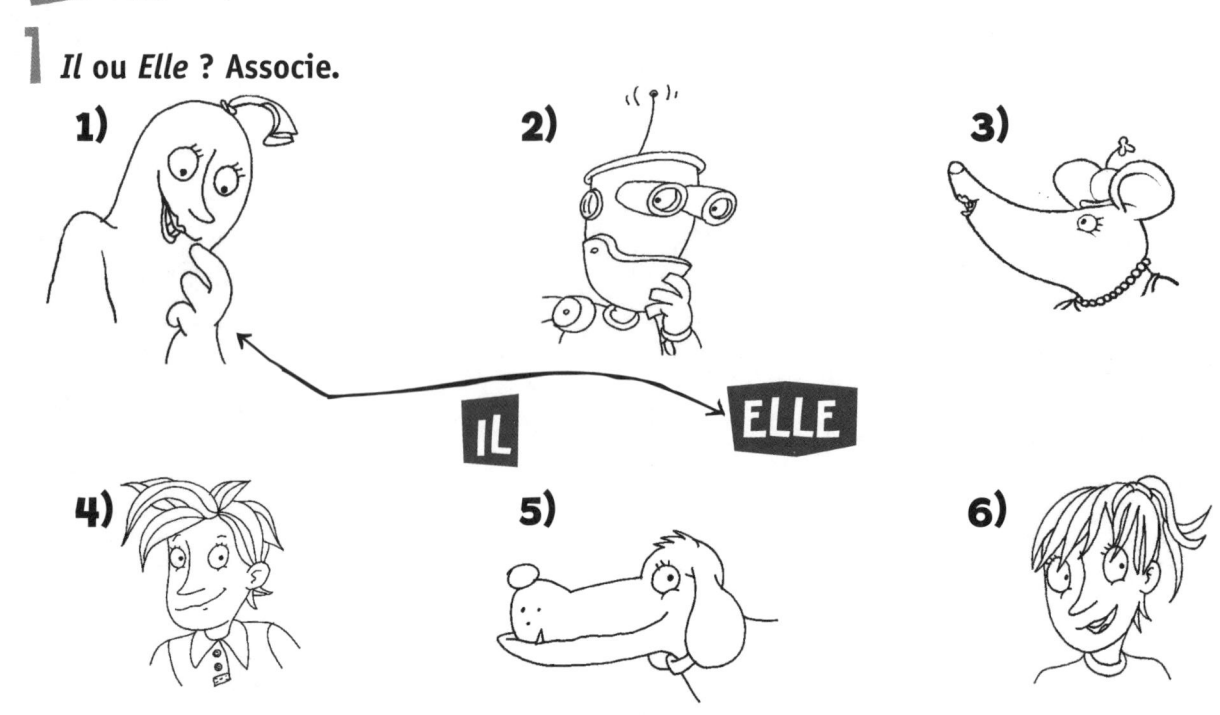

1 *Il* ou *Elle* ? Associe.

1)   2)   3)

IL → **ELLE**

4)   5)   6)

2 Comment il s'apppelle ? Comment elle s'appelle ? Complète.

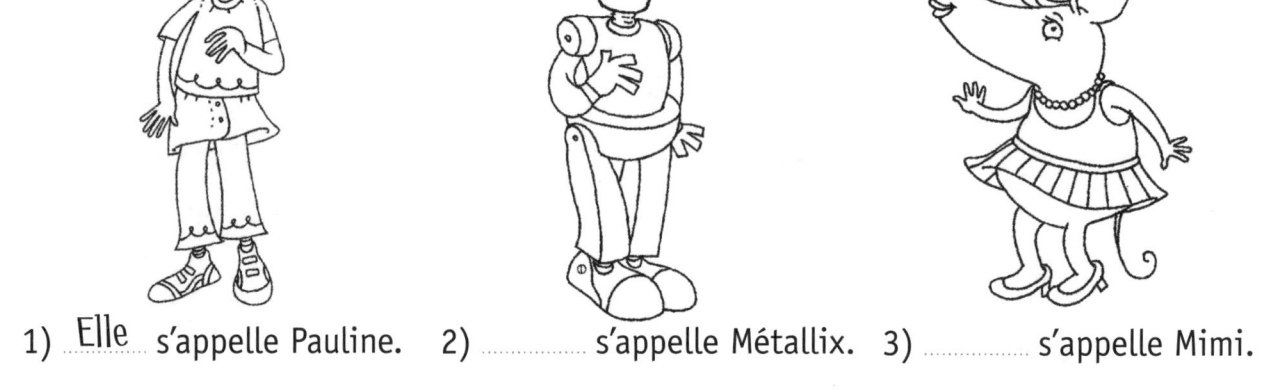

1) _Elle_ s'appelle Pauline.   2) _____ s'appelle Métallix.   3) _____ s'appelle Mimi.

4) _____ s'appelle Clément.   5) _____ s'appelle Fanny.   6) _____ s'appelle Zipp.

8 • huit

LES NOMBRES DE 1 À 10

1 Associe.

2 Écoute et entoure le bon numéro.

3 Complète la pyramide avec les nombres, en chiffres et en lettres.

```
U _ _ _
U I _ _
_ E _ _
_ I _
_ R
```

Révision

1 Phrases-puzzles. Mets ces mots dans l'ordre.

1) ça Comment va ? .... ?

2) t'appelles tu Comment ? .... ?

score : / 6

2 Qui parle à qui ? Associe.

1) Salut !

2) Comment il s'appelle ?

3) Comment ça va ?

4) Je m'appelle Marie, et toi ?

a) Marc !

b) Très bien et toi ?

c) Moi ? Je m'appelle comme toi, Marie !

d) Bonjour !

score : / 8

3 Écris les chiffres correspondants.

deux ☐ trois ☐ neuf ☐ huit ☐ sept ☐ cinq ☐

score : / 6

score total : / 20

10 dix

UNITÉ 2

DANS LE CARTABLE, QU'EST-CE QU'IL Y A ?

1 Écoute et observe. Coche d'une croix le cartable de Pauline.

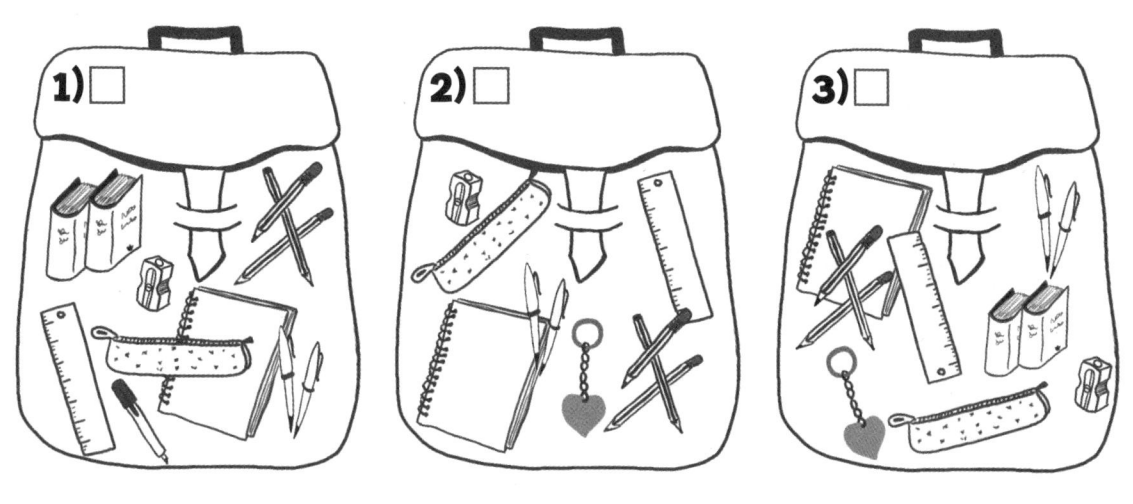

1) ☐   2) ☐   3) ☐

2 Qu'est-ce qu'il y a dans le cartable de Métallix ? Écoute et entoure.

onze ● 11

QU'EST-CE QUE C'EST ?

1 Observe et écris le numéro correspondant.

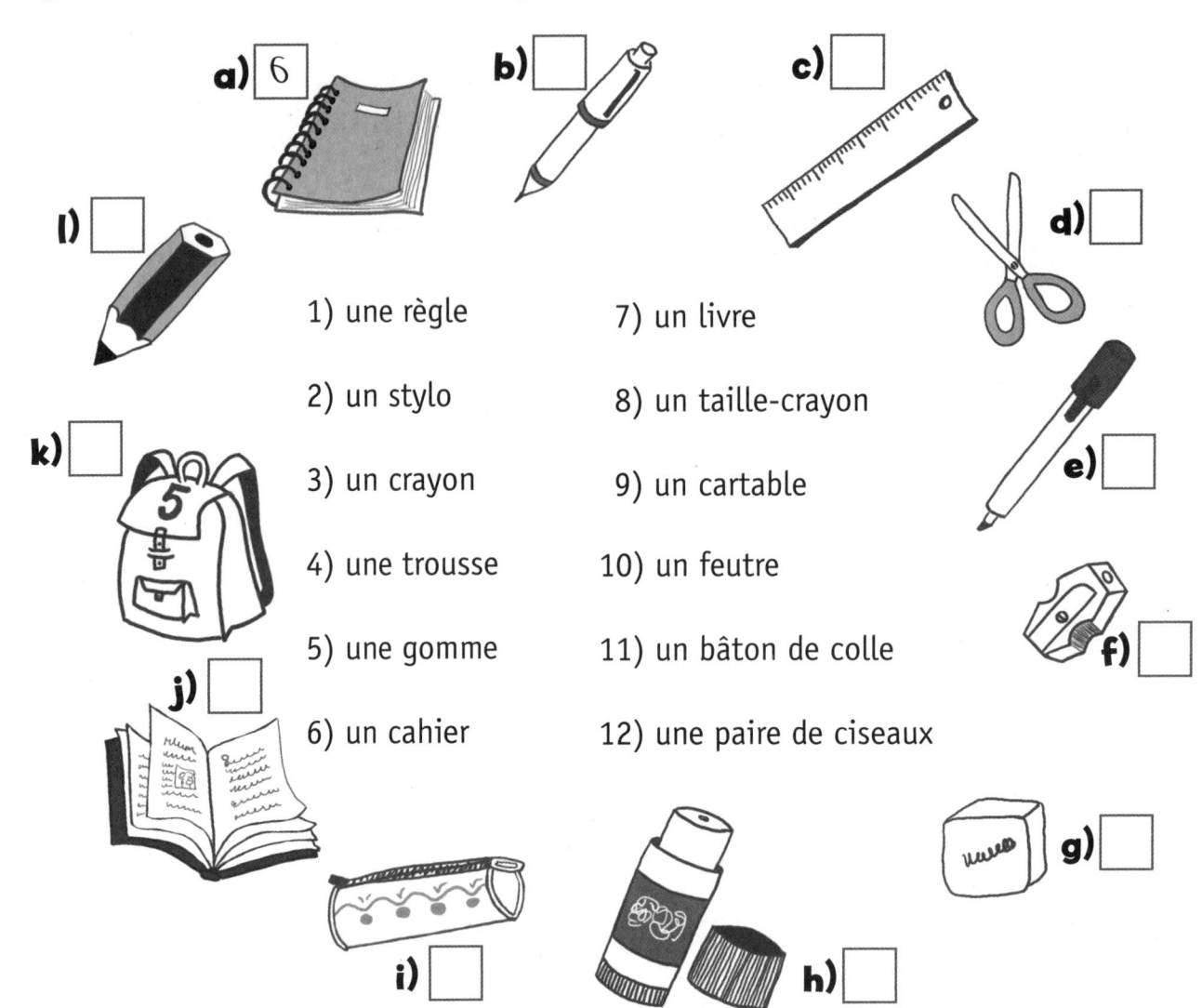

a) 6
b) ☐
c) ☐
d) ☐
e) ☐
f) ☐
g) ☐
h) ☐
i) ☐
j) ☐
k) ☐
l) ☐

1) une règle
2) un stylo
3) un crayon
4) une trousse
5) une gomme
6) un cahier
7) un livre
8) un taille-crayon
9) un cartable
10) un feutre
11) un bâton de colle
12) une paire de ciseaux

Maintenant, écoute.

2 *Un* ou *une* ? Complète.

1) ....un.... crayon
2) .... règle
3) .... stylo
4) .... gomme
5) .... cahier
6) .... livre
7) .... trousse
8) .... cartable

Écoute et vérifie.

12 • douze

LES COULEURS

1 Colorie et recopie le nom de la couleur.

1) jaune
2) rouge — noir
3) bleu
4) noir
5) vert
6) blanc
7) orange
8) violet

2 De quelle couleur est le matériel scolaire ? Écoute et colorie.

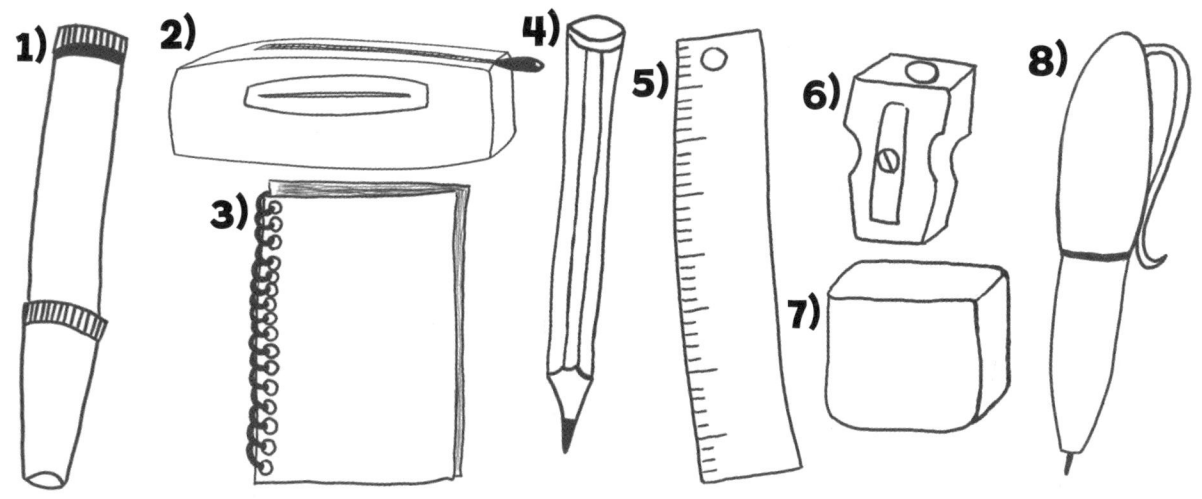

1) 2) 3) 4) 5) 6) 7) 8)

3 Colorie et trouve le mot mystérieux.

| 1 = bleu | 2 = jaune | 3 = vert | 4 = rouge | 5 = noir | 6 = blanc |

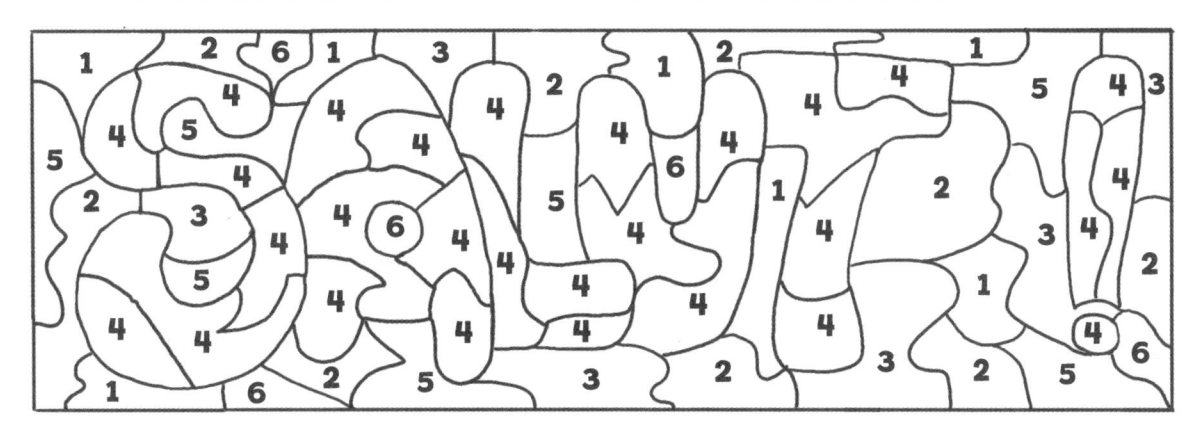

treize • 13

4 De quelles couleur sont les papillons ? Mets les lettres dans l'ordre et colorie.

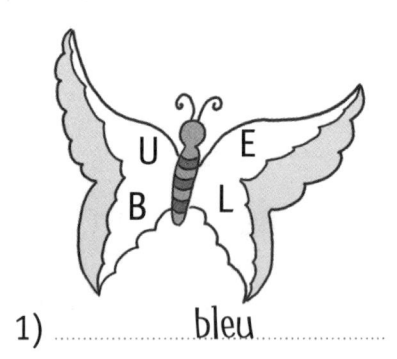

1) .... bleu 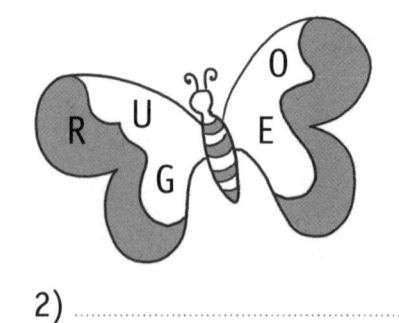 .... 2) 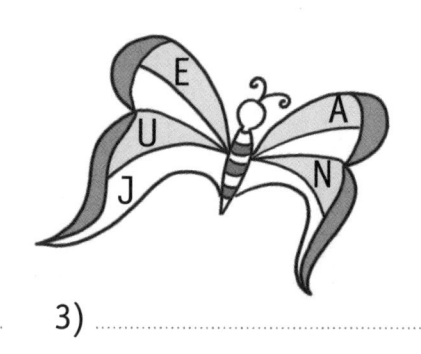 .... 3) ....

4) 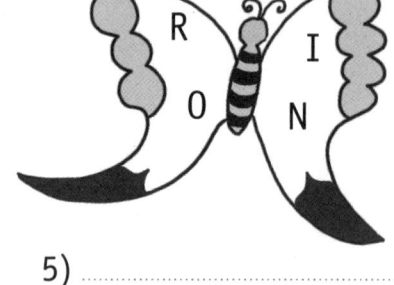 .... 5) 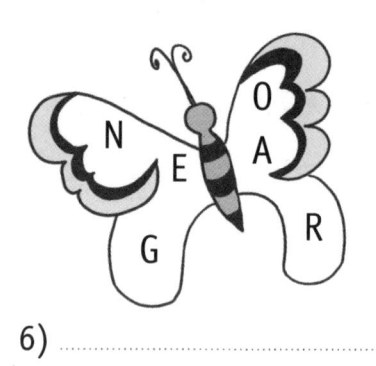 .... 6) ....

5 Complète la grille et trouve le mot secret.

1)  (bus)
2) (gomme)
3)  (bonbon)
4) .... m'appelle Hélène.
5) (moto)
6) (trousse)
7) (règle)

Grille : 1) B U S

Le mot secret est ....

6 *Le ou la* ? Complète.

1) ... le ... cartable
2) .... trousse
3) .... gomme 
4) .... crayon
5) .... feutre
6) .... taille-crayon

Écoute et vérifie.

BD Roger le cahier

1 Sépare les mots et recopie.

Bonjour!Jem'appelleRogerlecahier.Jesuisfantastique !

Bonjour ! Je......

2 Complète les bulles à l'aide des phrases suivantes.

Je suis rapide, et toi ? ▪ Tu es très élégante ! ▪ Merci, merci. Tu es très sympathique. ▪ Moi, je suis super-rapide !

1)

2)

3 boîte à sons Si tu entends le son [R] de *règle*, coche d'une croix.

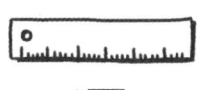

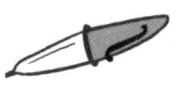

1) ☒ 2) ☐ 3) ☐ 4) ☐ 5) ☐ 6) ☐

Test : Es-tu un as en français ?

TU COMPRENDS TOUT ?

1 Écris le numéro correspondant.

1) 2) 3) 4) 5)

a) ☐ trousse   b) ☐ cartable   c) ☐ crayon   d) ☐ livre   e) ☐ cahier

score : /5

2 Colorie.

1 = vert   3 = bleu   9 = orange   2 = jaune   10 = rouge

score : /5

À TOI D'ÉCRIRE !

3 Que dit Zipp ? Recopie les phrases dans l'ordre.

Au revoir ! • Zipp. • Bonjour, je m'appelle • très sympathique. • Je suis

score : /5

score total : /15

Le français et toi.
Colorie la bulle. Pour toi, le français...

C'est facile !   C'est difficile !   C'est horrible !   C'est super !

UNITÉ 3

UN PETIT ANIMAL, C'EST GÉNIAL !

1 Écoute et écris le numéro qui correspond à chaque animal.

a) ☐ b) ☐ c) ☐ d) ☐

e) ☐ f) 1 g) ☐ h) ☐

i) ☐ j) ☐ k) ☐

2 Zoom. C'est quel animal ? Observe et souligne la bonne réponse.

1)
a) C'est un moustique.
b) C'est une fourmi.
c) C'est une araignée.

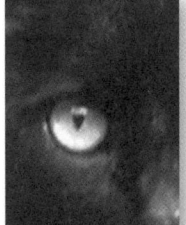

2)
a) C'est un hamster.
b) C'est un lapin.
c) C'est un chien.

3)
a) C'est un chat.
b) C'est un corbeau.
c) C'est une poule.

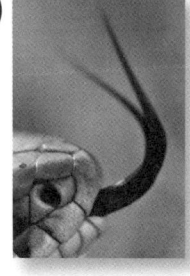

4)
a) C'est un serpent.
b) C'est une puce.
c) C'est un crapaud.

dix-sept • 17

Toc, Toc... Qui est-ce ?

1 Complète les bulles à l'aide des phrases suivantes.

Comment ça va ? ▪ Qui est-ce ? ▪ Ah ! Bonjour Métallix ! Entre !

Bonjour !

C'est moi, Métallix.

Très bien !

Merci !

Écoute et vérifie.

2 Carnaval. Qui est-ce ? Devine !

1) Qui est-......... ?

C'est ....

2) Qui .... -ce ?

C'est ....

3) .... est- .... ?

C'est ....

18 ● dix-huit

LES NOMBRES DE 1 À 20

1 Relie les points de 1 à 20 et découvre l'animal mystérieux.

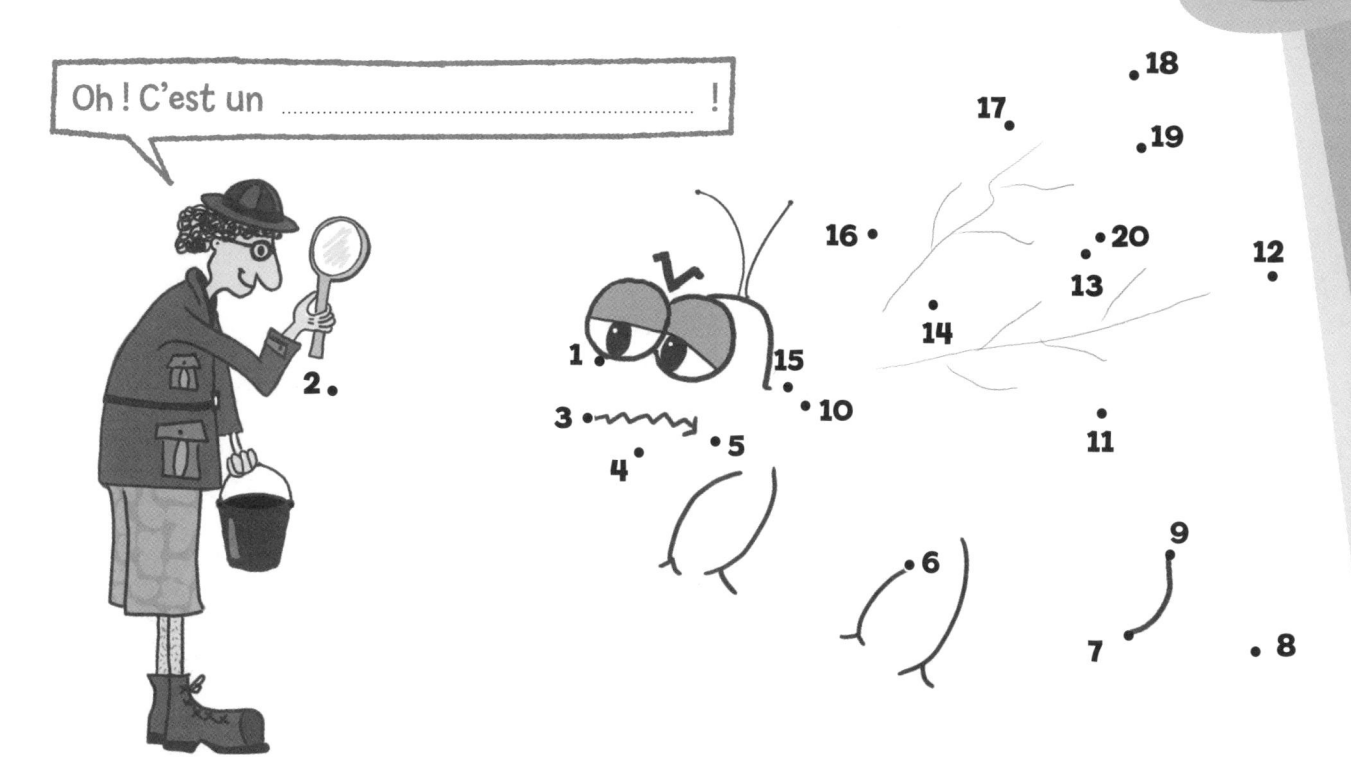

Oh ! C'est un .... !

2 Écris les numéros sur les voitures.

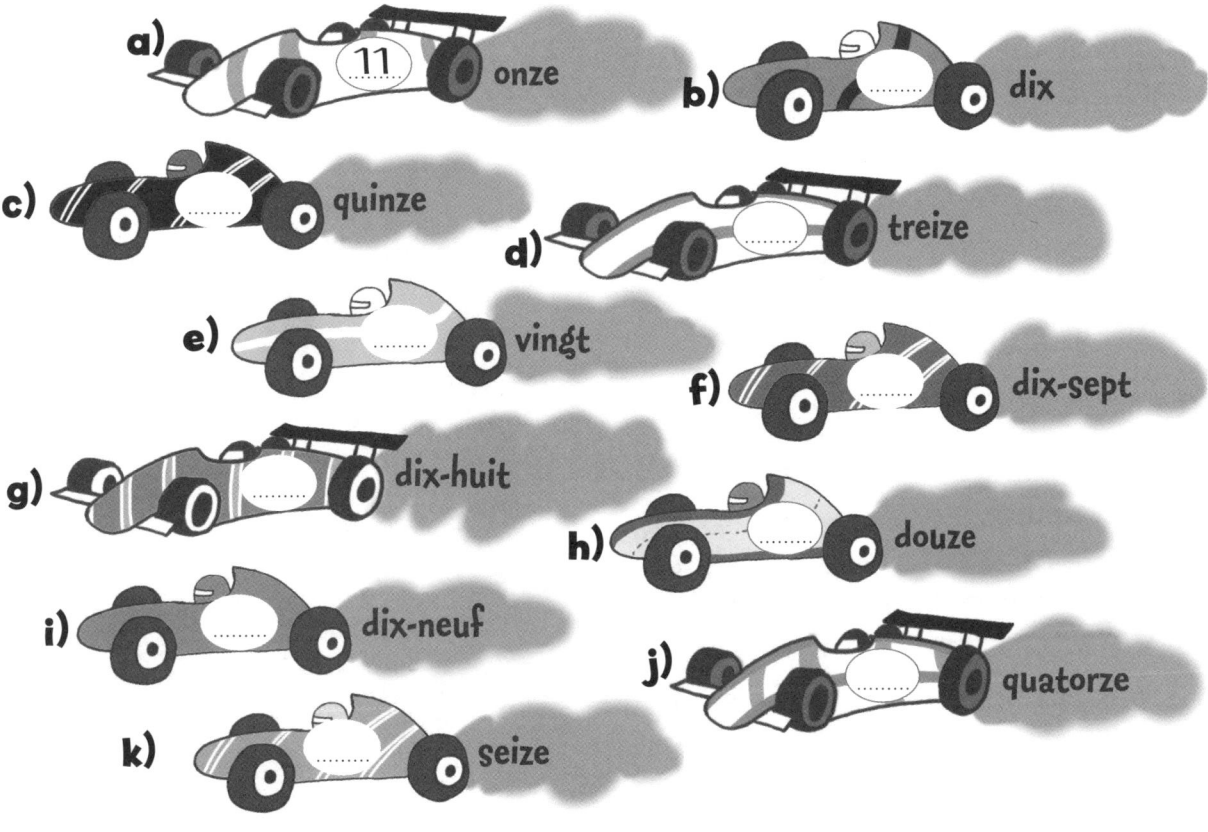

a) 11 onze
b) ...... dix
c) ...... quinze
d) ...... treize
e) ...... vingt
f) ...... dix-sept
g) ...... dix-huit
h) ...... douze
i) ...... dix-neuf
j) ...... quatorze
k) ...... seize

Maintenant, écoute.

dix-neuf ● 19

QUEL ÂGE TU AS ?

1 L'ordinateur de Zipp le Martien a des problèmes. Sépare les mots et recopie le texte.

J'aionzeansettoi ?
J'aiquatorzeans.
Aurevoir.

J´ai ....

2 Colorie de la même couleur la question et la réponse correspondante.

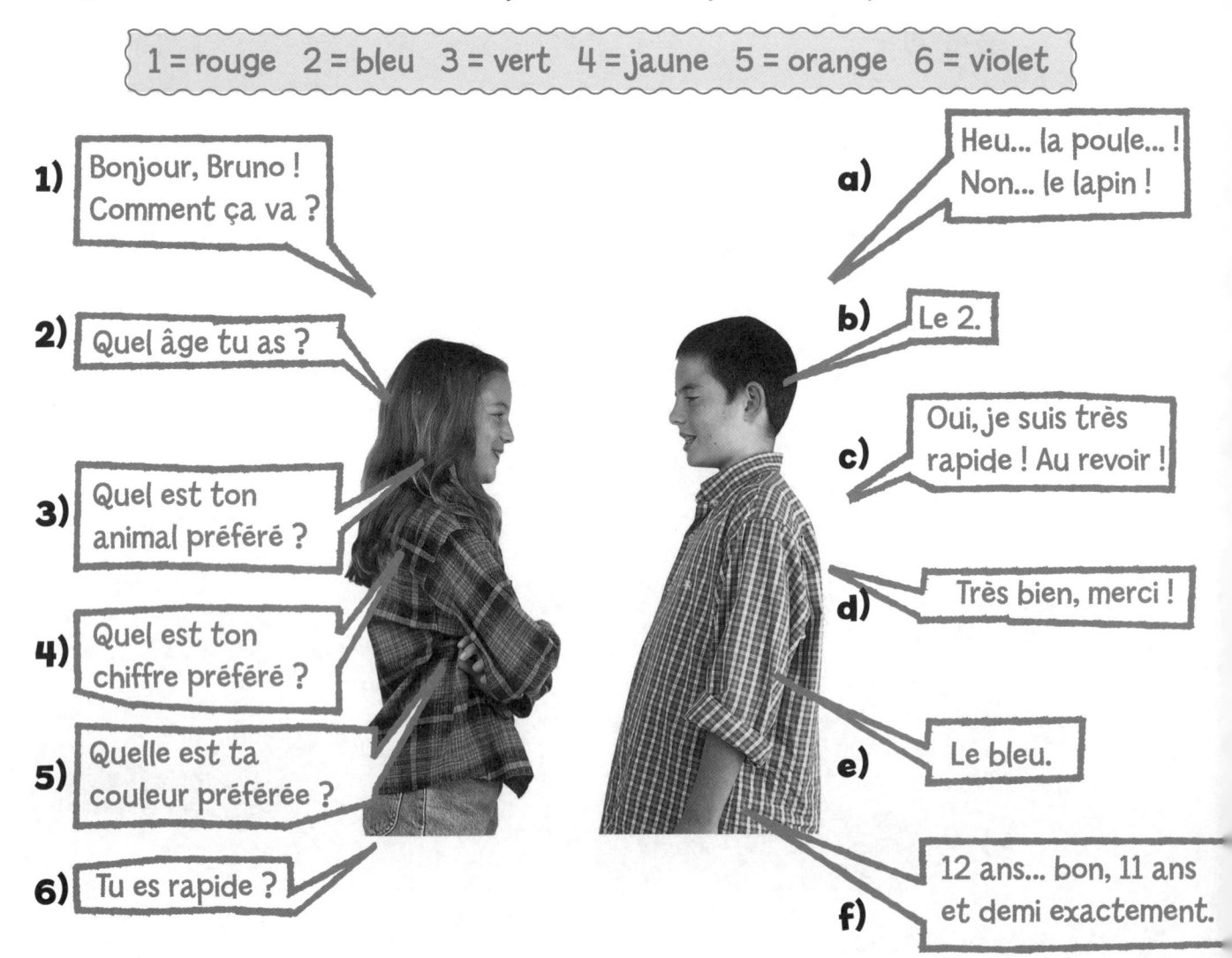

1 = rouge   2 = bleu   3 = vert   4 = jaune   5 = orange   6 = violet

1) Bonjour, Bruno ! Comment ça va ?

2) Quel âge tu as ?

3) Quel est ton animal préféré ?

4) Quel est ton chiffre préféré ?

5) Quelle est ta couleur préférée ?

6) Tu es rapide ?

a) Heu... la poule... ! Non... le lapin !

b) Le 2.

c) Oui, je suis très rapide ! Au revoir !

d) Très bien, merci !

e) Le bleu.

f) 12 ans... bon, 11 ans et demi exactement.

20 • vingt

BD Le coffre à surprises

1 Relis la BD du Livre (page 22) et coche d'une croix la bonne option.

1) a) Pauline est avec Antoine. ☐
   b) Pauline est avec Marie. ☐

2) a) Il y a un coffre plein de surprises. ☐
   b) Il y a un sac plein de surprises. ☐

3) a) Pauline imite une actrice. ☐
   b) Pauline imite un docteur. ☐

4) a) Elle s'appelle Anne. ☐
   b) Elle s'appelle Morgane. ☐

5) a) Elle a 18 ans. ☐
   b) Elle a 20 ans. ☐

6) a) Sa couleur préférée est le bleu. ☐
   b) Sa couleur préférée est le vert. ☐

7) a) Son animal préféré est le chat. ☐
   b) Son animal préféré est la souris. ☐

8) a) Il y a une souris dans le coffre. ☐
   b) Il y a des araignées dans le coffre. ☐

9) a) Pauline est terrifiée ! ☐
   b) Pauline est contente ! ☐

À toi !

- Quel est ton chiffre préféré ?
- Quelle est ta couleur préférée ?
- Quel est ton animal préféré ?

- Mon chiffre préféré est ....
- Ma couleur préférée est ....
- Mon animal préféré est ....

2 **boîte à sons** Si tu entends le son [y] de *lune*, coche d'une croix.

1) ☒   2) ☐   3) ☐   4) ☐   5) ☐   6) ☐

Révision

U3

1 Test. Coche la bonne réponse.

1) Quelle est ta couleur préférée ?
   a) Le vert. ☐
   b) Oui, le vert. ☐

2) Qu'est-ce que c'est ?
   a) C'est Marc. ☐
   b) C'est une gomme. ☐

3) Comment tu t'appelles ?
   a) Jonathan. ☐
   b) Non, Jonathan. ☐

4) Il est antipathique ?
   a) Non, il est très sympathique. ☐
   b) Oui, elle est antipathique. ☐

5) Quel est ton animal préféré ?
   a) Le chat. ☐
   b) C'est une règle. ☐

6) Quel âge tu as ?
   a) Il a 15 ans. ☐
   b) J'ai 15 ans. ☐

7) C'est une araignée ?
   a) Oui, c'est une araignée. ☐
   b) Oui, c'est une poule. ☐

8) Qui est-ce ?
   a) C'est une trousse. ☐
   b) C'est Sarah. ☐

9) Quel est ton chiffre préféré ?
   a) Le 5. ☐
   b) Le jaune. ☐

10) Le crayon est bleu ?
    a) Non, elle est marron. ☐
    b) Non, il est rouge. ☐

score : / 10

2 Barre l'intrus dans chaque série.

1) VERT — JAUNE — BLANC — DIX — NOIR — ROUGE
2) SOURIS — KOALA — HAMSTER — SERPENT — CHAPEAU — TORTUE
3) RÈGLE — CAHIER — FEUTRE — TROUSSE — GARÇON — CRAYON
4) NEUF — SEPT — DEUX — GRIS — TROIS — CINQ
5) TAXI — MÉTRO — CINÉMA — MOTO — CAMION — AUTOBUS

Colorie ton score.

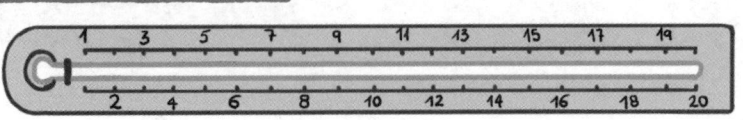

score : / 10

score total : / 20

vingt-deux

UNITÉ 4

L'AVENTURE DE MÉTALLIX

1 Écris le numéro correspondant.

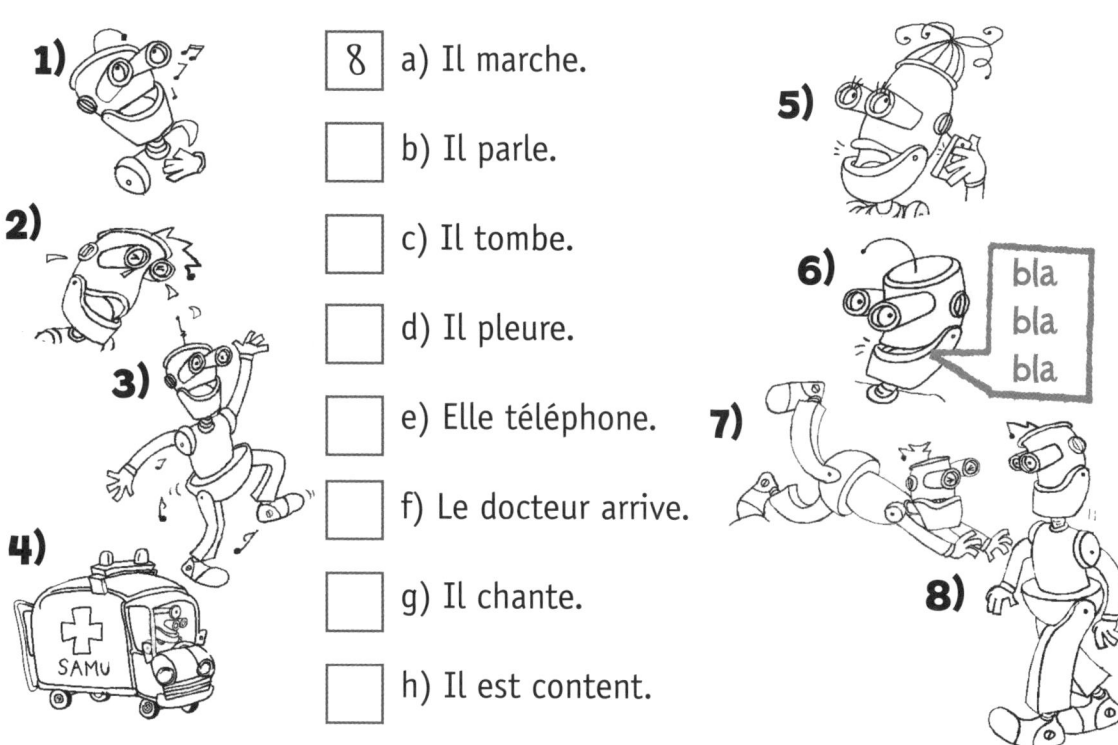

1)
2)
3)
4)
5)
6)
7)
8)

- [8] a) Il marche.
- [ ] b) Il parle.
- [ ] c) Il tombe.
- [ ] d) Il pleure.
- [ ] e) Elle téléphone.
- [ ] f) Le docteur arrive.
- [ ] g) Il chante.
- [ ] h) Il est content.

Écoute et vérifie.

2 Recopie les étiquettes sous les dessins correspondants.

1) Elle danse.   2) ....   3) ....
4) ....   5) ....   6) ....

Il parle.
Il saute.
Il téléphone.
Elle danse.
Elle chante.
Elle tombe.

vingt-trois 23

QU'EST-CE QUE TU AIMES ?
QU'EST-CE QUE TU N'AIMES PAS ?

1 Écoute et entoure.

2 Qu'est-ce que tu aimes ?
Qu'est-ce que tu n'aimes pas ?
Coche d'une croix.

J'aime		Je n'aime pas
☐	1) le tennis	☐
☐	2) le foot	☐
☐	3) la natation	☐
☐	4) la musique	☐
☐	5) la télé	☐
☐	6) l'ordinateur	☐
☐	7) les excursions	☐
☐	8) le cinéma	☐

À toi !

3 Recopie la phrase dans l'ordre et réponds.

aimes ? ▪ tu ▪ Qu'est-ce ▪ que

J'aime ....

....

Je n'aime pas ....

4 Écoute et coche d'une croix.

	1	2	3	4	5	6	7	8
le	☐	☐	☐	☐	☐	☐	☐	☐
la	☐	☐	☐	☐	☐	☐	☐	☐
les	☐	☐	☐	☐	☐	☐	☐	☐

04

5 Complète avec *le, la* ou *les*.

J'aime ....la....

6 Complète la chanson.

la laitue   les œufs   le chocolat   le riz   les gâteaux

A A A

J'aime ....

E E E

Je n'aime pas ....

I I I

J'aime beaucoup ....

O O O

J'aime aussi ....

U U U

Je n'aime pas ....

Écoute et vérifie.

7 **boîte à sons** Si tu entends le son [ʃ] de *ch*at, coche d'une croix.

1) ☒   2) ☐   3) ☐   4) ☐   5) ☐   6) ☐

vingt-cinq ● 25

BD ✱ Fanny est très occupée !

1 Complète les bulles à l'aide des phrases suivantes.

Tu travailles ? ▪ Je regarde la télé. ▪ Non, je travaille. ▪ Tu dessines ? ▪ Tu danses ? ▪ Tu téléphones ?

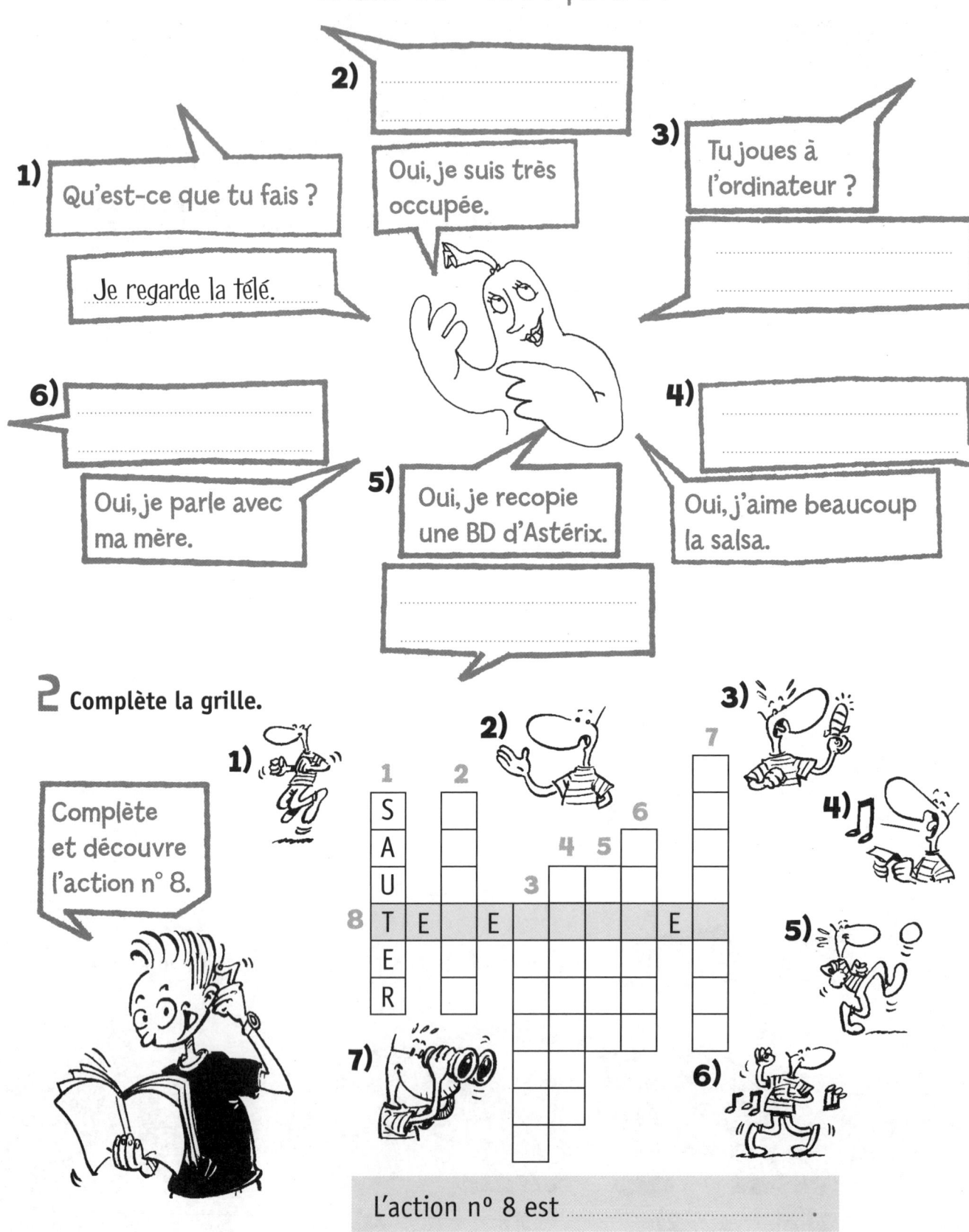

2) ....

1) Qu'est-ce que tu fais ?

Oui, je suis très occupée.

3) Tu joues à l'ordinateur ?
....

Je regarde la télé.

6) ....

Oui, je parle avec ma mère.

5) Oui, je recopie une BD d'Astérix.

4) ....

Oui, j'aime beaucoup la salsa.

....

2 Complète la grille.

Complète et découvre l'action n° 8.

Grille :
- 8 horizontal : S A U T E R
- Ligne grisée (n° 8) : T E _ E _ _ _ E _

L'action n° 8 est ....

3 Complète.

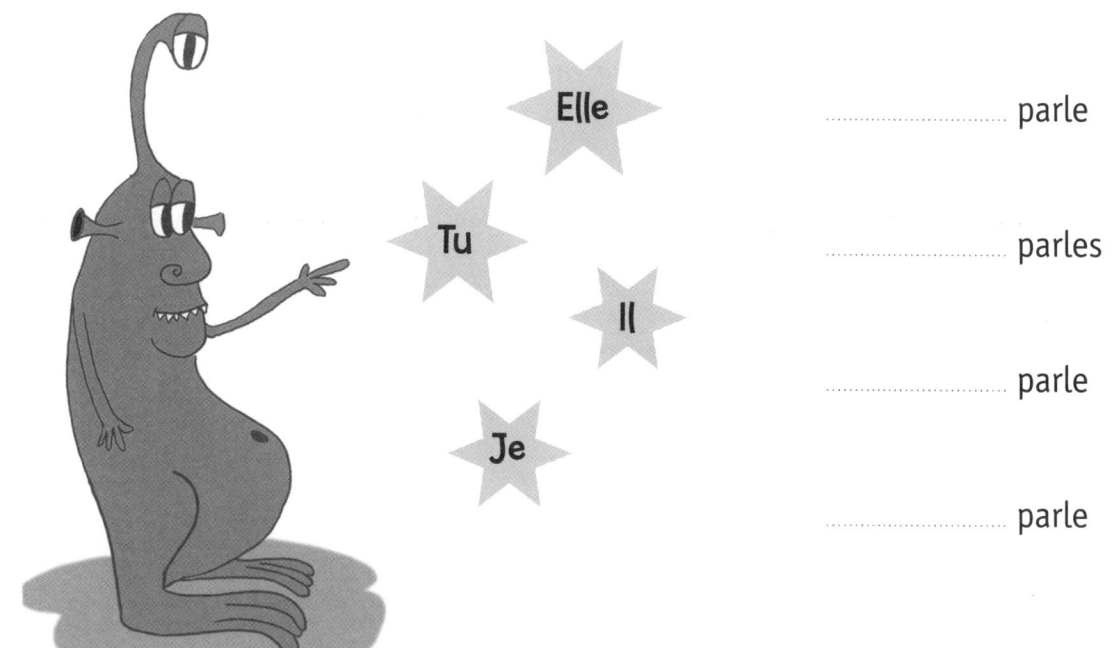

Elle

Tu

Il

Je

.... parle

.... parles

.... parle

.... parle

4 Recopie les verbes dans l'ordre.

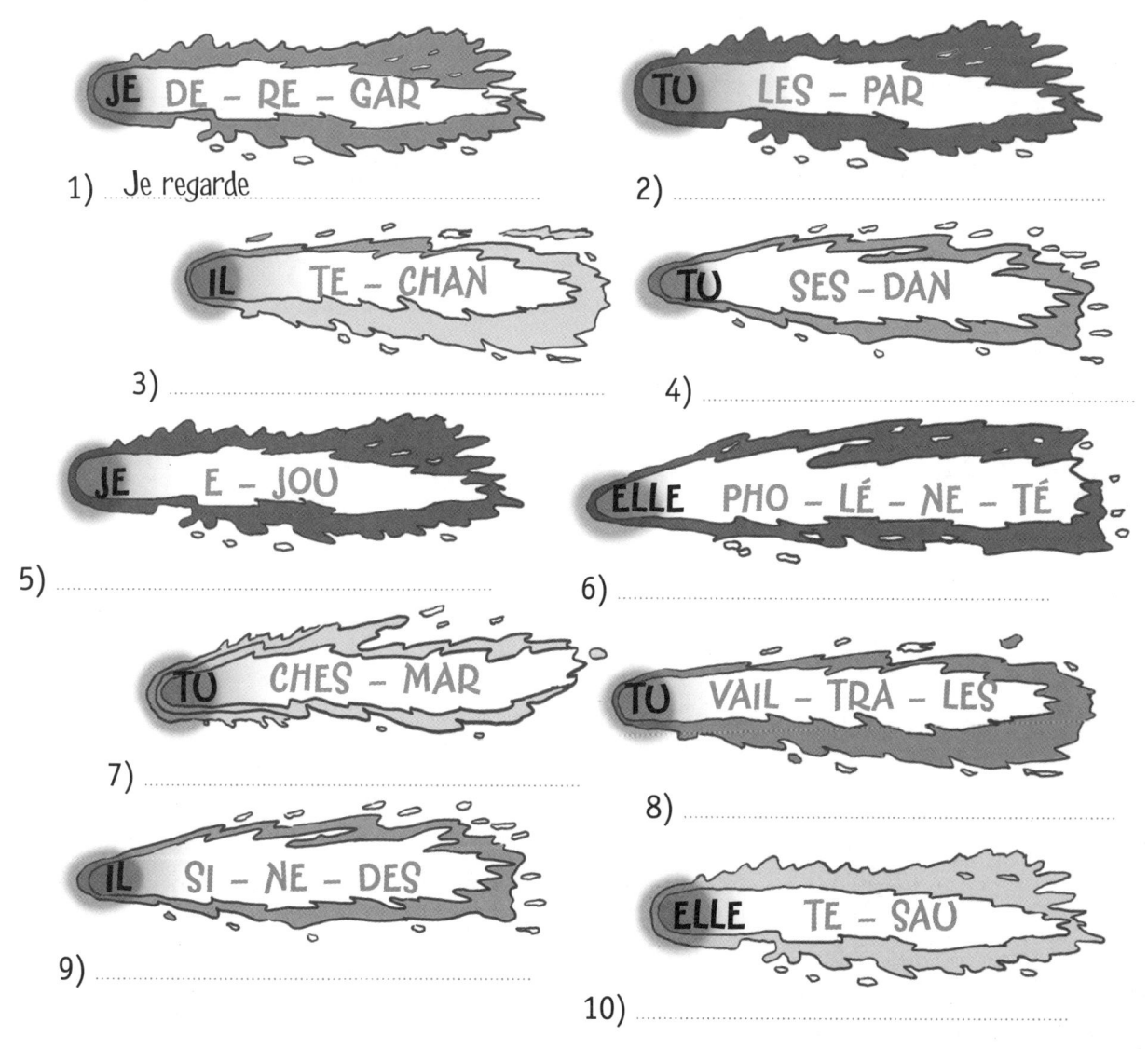

JE DE – RE – GAR

1) Je regarde

TU LES – PAR

2) ....

IL TE – CHAN

3) ....

TU SES – DAN

4) ....

JE E – JOU

5) ....

ELLE PHO – LÉ – NE – TÉ

6) ....

TU CHES – MAR

7) ....

TU VAIL – TRA – LES

8) ....

IL SI – NE – DES

9) ....

ELLE TE – SAU

10) ....

Test : Es-tu un as en français ?

TU COMPRENDS TOUT ?

1 Observe, lis et écris le bon numéro.

- [ ] a) Elle regarde la télé.
- [ ] b) Il joue.
- [ ] c) Elle saute.
- [ ] d) Elle dessine.
- [ ] e) Elle danse.
- [ ] f) Il pleure.
- [ ] g) Il téléphone.
- [ ] h) Il travaille.

score : / 8

À TOI D'ÉCRIRE !

2 Complète avec *le, la* ou *les*.

J'aime .... musique et .... lecture.
Je n'aime pas .... sport et je n'aime pas .... excursions.

score : / 2

score total : / 10

Le français et toi.

En français, qu'est-ce que tu aimes faire ?

- [ ] Parler.
- [ ] Écouter les documents.
- [ ] Jouer.
- [ ] Lire les BD.
- [ ] Décorer mon cahier.
- [ ] Représenter les dialogues.
- [ ] Réciter les comptines.
- [ ] Faire les exercices.
- [ ] Faire « l'activité brico ».

UNITÉ 5

LA VALISE EST PRÊTE !

1 Écoute et entoure le numéro correspondant.

2 Écoute et colorie.

3 Observe l'illustration et écris le bon numéro.

- [10] a) une robe
- [ ] b) un pull
- [ ] c) un pantalon
- [ ] d) des chaussettes
- [ ] e) des baskets
- [ ] f) des bottes
- [ ] g) un cartable
- [ ] h) un tee-shirt
- [ ] i) des lunettes
- [ ] j) une casquette
- [ ] k) un chapeau
- [ ] l) une jupe

vingt-neuf • 29

LA FAMILLE DE DIABOLINE

1 La famille de Diaboline est très originale ! Lis la description de Hugo et de Denise et colorie les dessins correspondants. Pour Diaboline, termine le dessin librement.

Son frère Hugo :

il porte un pantalon noir, un tee-shirt marron, un anorak violet, des baskets vertes et une casquette rouge et orange.

Sa sœur Denise :

elle porte une chemise rose, une jupe rouge, des bottes jaunes et un énorme chapeau gris !

Diaboline :

elle porte...

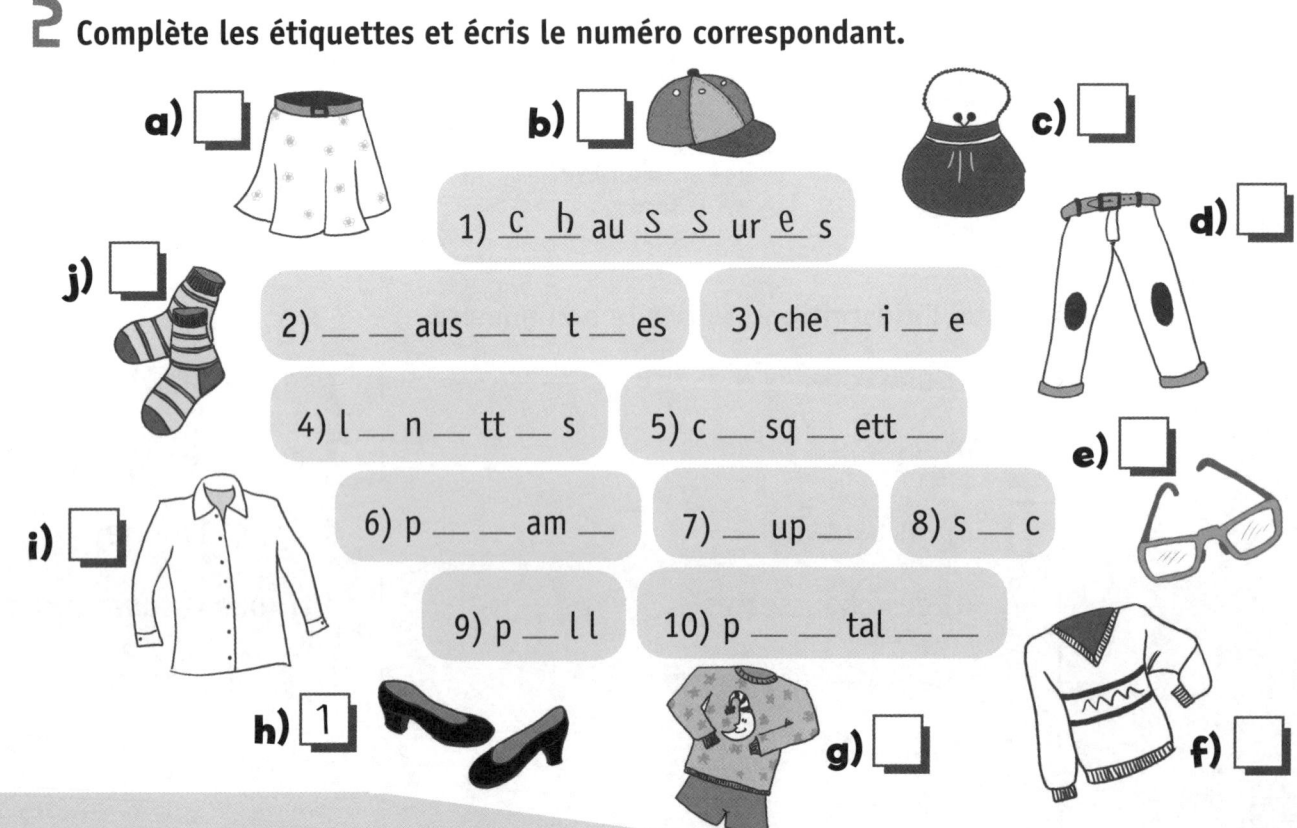

2 Complète les étiquettes et écris le numéro correspondant.

a) b) c) d) e) f) g) h) 1 i) j)

1) c h au s s ur e s
2) __ aus __ t __ es
3) che __ i __ e
4) l __ n __ tt __ s
5) c __ sq __ ett __
6) p __ __ am __
7) __ up __
8) s __ c
9) p __ l l
10) p __ tal __ __

30 ● trente

3 LA FAMILLE DE FANNY. Recopie les étiquettes.

son père — son frère — sa petite sœur — son chat — sa tortue — sa mère — sa grande sœur

Fanny — Fanfan — Jazz — Sarah — Robert — Fantounette — Gégé — Lily

4 Observe la famille de Fanny et complète le texte.

1) Sa .... s'appelle Sarah. Elle a 39 ans. Elle est très sportive.

2) Robert, son ...., adore la lecture. Il .... 42 ans.

3) Fantounette, ... a 15 ans. Elle .... très coquette.

4) Sa .... s'appelle Lily. Elle .... le chocolat.

5) Son .... s'appelle Fanfan. Il .... les animaux.

6) Jazz, son ...., adore la musique.

Écoute et vérifie.

5 Que dit Fanny ? Sépare les mots et recopie.

matortues'appelleGégé,elleacinquanteansetelleadoredormir !

Ma tortue ....

LES HABITS DE LA SEMAINE

1 Complète les jours de la semaine.

L .u.. nd ..i..

M .... d ....

Me .... c i

J .... u i

Ve .... d .... edi

S .... ed ....

D .... an .... he

2 Retrouve les jours de la semaine. Colorie chaque jour d'une couleur différente.

MAN · DI · MAR · DI
ME · MER · CRE · DI
JEU · DI · SA · DI
DRE · CHE · DI
VEN · LUN

LES NOMBRES DE 20 À 50

3 Écoute et entoure les nombres que tu entends.

1	2	3	4	5	6	7	8	9	10
11	12	13	14	15	16	17	18	19	20
21	22	23	24	25	26	27	28	29	30
(31)	32	33	34	35	36	37	38	39	40
41	42	43	44	45	46	47	48	49	50

4 Relie les points dans l'ordre croissant et découvre l'habit mystérieux.

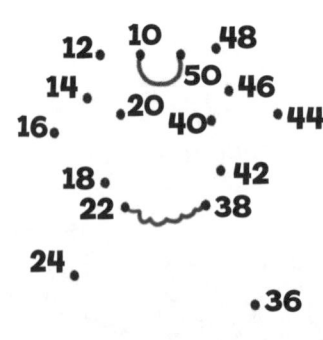

12 · 10 · 48
14 · 50 · 46
16 · 20 · 40 · 44
18 · 42
22 · 38
24 ·
· 36
26 ·
· 34
28 ·
30 · 32

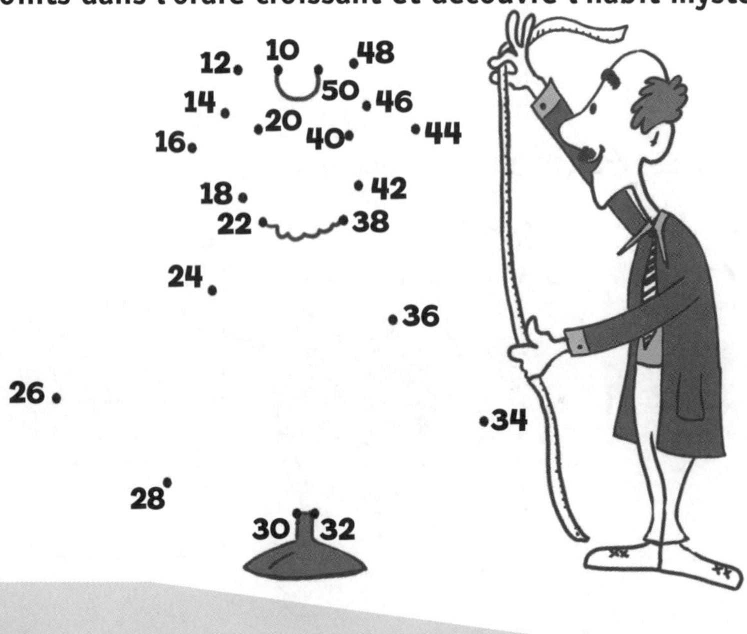

32 ● trente-deux

BD ✳ La famille Chaussure

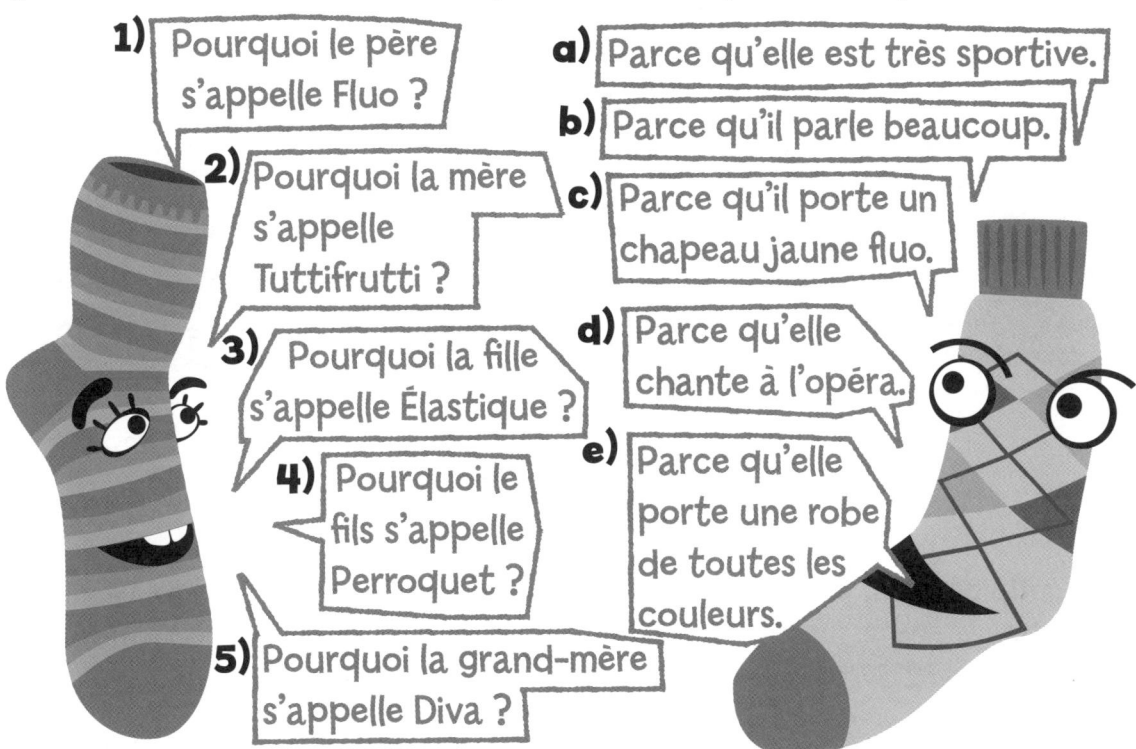

1 Colorie de la même couleur la question et la réponse correspondante.

1) Pourquoi le père s'appelle Fluo ?
2) Pourquoi la mère s'appelle Tuttifrutti ?
3) Pourquoi la fille s'appelle Élastique ?
4) Pourquoi le fils s'appelle Perroquet ?
5) Pourquoi la grand-mère s'appelle Diva ?

a) Parce qu'elle est très sportive.
b) Parce qu'il parle beaucoup.
c) Parce qu'il porte un chapeau jaune fluo.
d) Parce qu'elle chante à l'opéra.
e) Parce qu'elle porte une robe de toutes les couleurs.

2 Souligne la bonne réponse.

1) Pourquoi le petit garçon pleure ?

a) Parce que c'est dimanche.
b) Parce qu'il est triste.
c) Parce qu'il joue au football.

2) Pourquoi la petite fille danse ?

a) Parce qu'elle joue au football.
b) Parce qu'elle est triste.
c) Parce qu'elle adore danser.

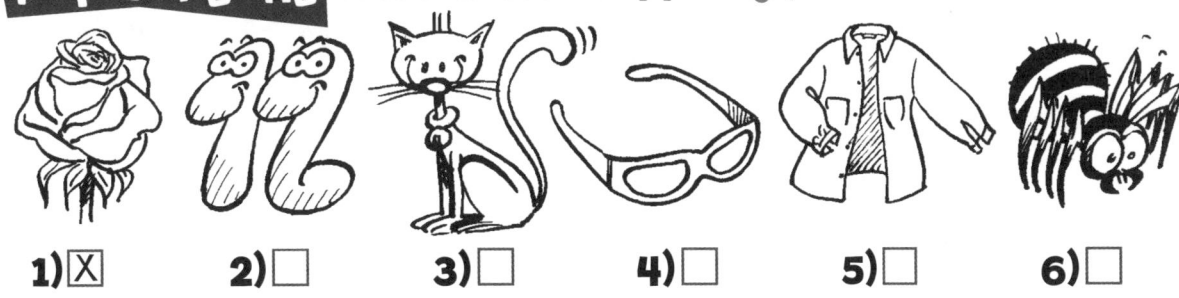

3 boîte à sons — Si tu entends le son [z] de rose, coche d'une croix.

1) [X]   2) ☐   3) ☐   4) ☐   5) ☐   6) ☐

Révision

1 Que porte Léon, l'espion ? Observe et entoure.

un chapeau — des lunettes — une jupe — un pantalon — une gabardine — une chemise — une casquette — des baskets — des bottes — des chaussures

score : / 6

2 La famille de Léon. Dis qui il y a sur la photo.

père ▪ mère ▪ frère ▪ sœur

1) son .... 3) son ....

2) sa .... 4) sa ....

score : / 4

3 Présente la sœur de Léon.

s'appelle ▪ adore ▪ a ▪ est

1) Elle .... Marion.

2) Elle .... 17 ans.

3) Elle .... sympathique.

4) Elle .... les chats.

score : / 4

4 Quel jour Léon joue au football ? et au rugby ? Remets les lettres dans l'ordre !

I D S E M A

....

D M R A I

....

score : / 2

5 Quel est le code secret de Léon l'espion ? Calcule.

a) 16 + 6 + 8 = ☐

b) 10 + 11 + 12 = ☐

c) 36 + 13 = ☐

d) 9 + 8 + 20 = ☐

Le code secret est :

a) ☐ b) ☐ c) ☐ d) ☐

score : / 4

score total : / 20

UNITÉ 6

PLEIN DE VITAMINES

1 Complète les mots et colorie les dessins.

1) an a n a S

2) t ...... a t ......

3) ...... ui ...... e d'o ...... v ......

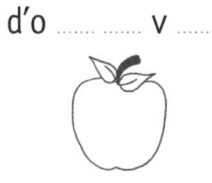

4) e ...... m ...... né ...... e

5) ...... n ...... ne

6) p ...... m ......

2 Déchiffre le message de Zipp.

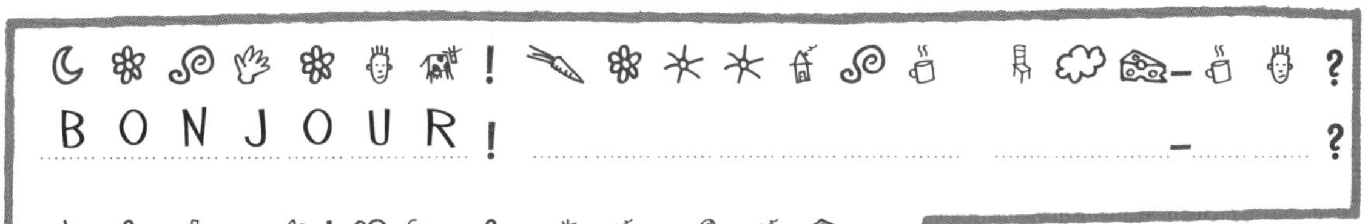

B O N J O U R !   – ?

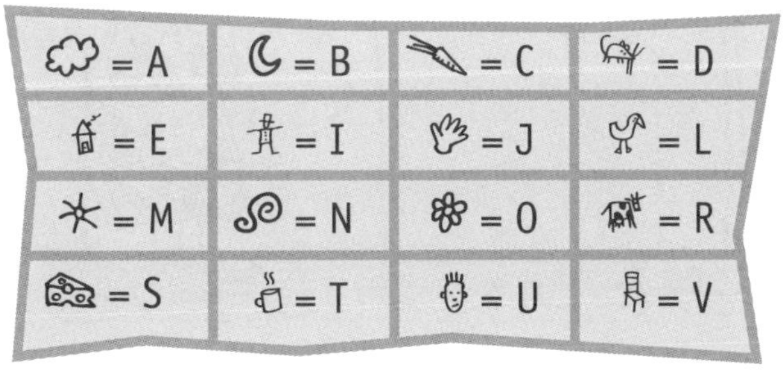

.... , .'............... ....

.... , ... ?

☁ = A	☾ = B	🥕 = C	🐪 = D
🏠 = E	🎋 = I	✋ = J	🐓 = L
✶ = M	～ = N	❀ = O	👥 = R
🧀 = S	☕ = T	😃 = U	🪑 = V

trente-cinq • 35

À L'ÉPICERIE

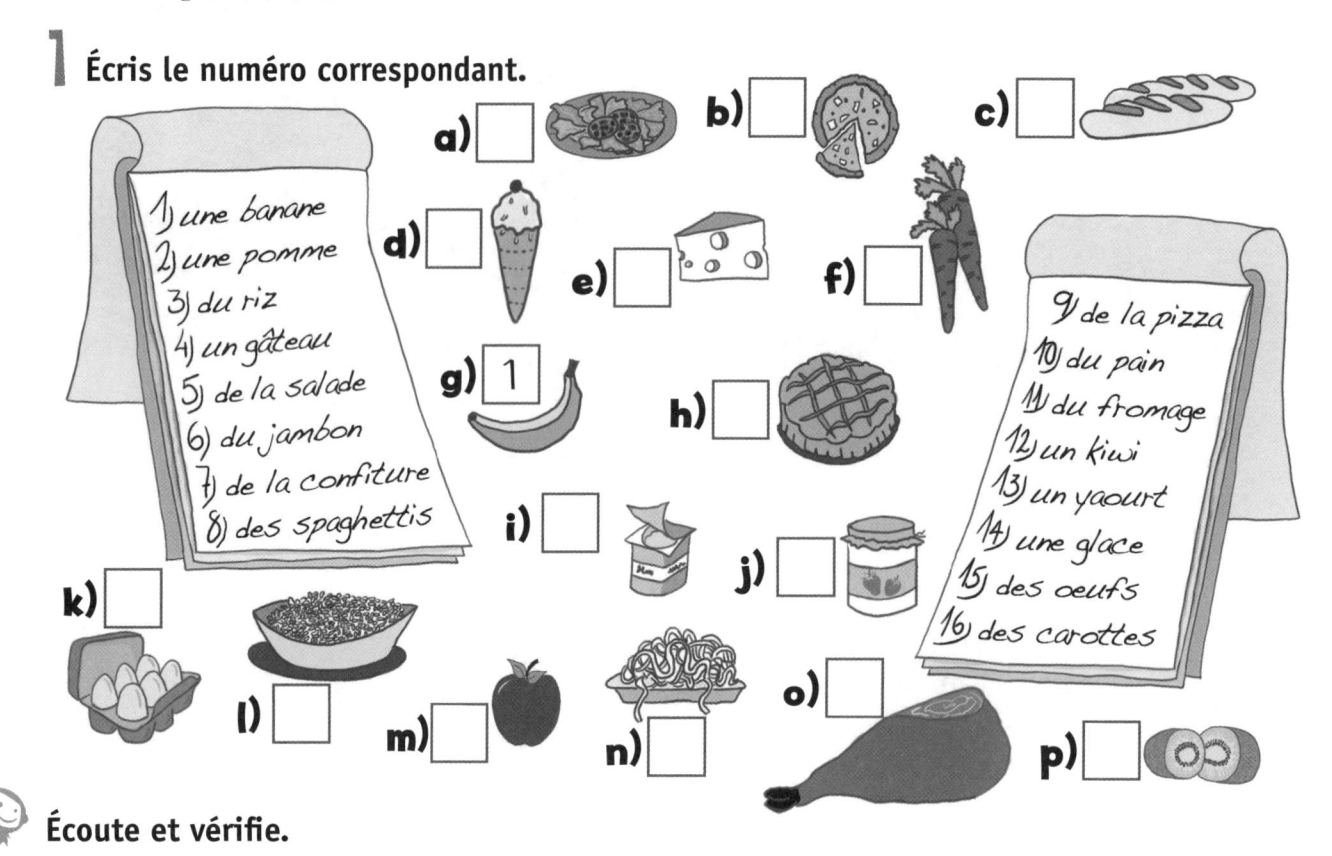

1 Écris le numéro correspondant.

1) une banane
2) une pomme
3) du riz
4) un gâteau
5) de la salade
6) du jambon
7) de la confiture
8) des spaghettis
9) de la pizza
10) du pain
11) du fromage
12) un kiwi
13) un yaourt
14) une glace
15) des œufs
16) des carottes

a) ☐ b) ☐ c) ☐ d) ☐ e) ☐ f) ☐ g) 1 h) ☐ i) ☐ j) ☐ k) ☐ l) ☐ m) ☐ n) ☐ o) ☐ p) ☐

Écoute et vérifie.

2 Que dit Marie ? Complète à l'aide de la boîte à phrases.

> Oui, c'est tout ! C'est combien ? ▪ Oh ! Merci beaucoup. Au revoir, monsieur Dupont ! ▪ Bonjour monsieur Dupont ! Je voudrais 1 kilo de pommes et 6 bananes.

Bonjour Marie.

C'est tout ?

4 €. Ah ! Voilà une méga sucette pour toi.

Au revoir Marie.

Écoute et vérifie.

QU'EST-CE QU'IL Y A DANS LE CADDIE ?

1 Le caddie de monsieur Dubois est plein. Recopie les étiquettes.

| des pommes | du lait | du fromage | des carottes | des bananes |
| un poulet | un yaourt | des oranges |

des bananes

2 Mots croisés. Retrouve ces aliments.

melon,  riz,  pain,  fromage,  beurre,  salade,  chocolat,  confiture,  lait,  légumes, banane, tomate, mandarine

P	L	E	G	U	M	E	S	T	I	O	B
C	A	E	C	H	O	C	O	L	A	T	E
O	R	F	R	O	M	A	G	E	Y	O	U
N	S	K	C	M	H	H	J	X	A	M	R
F	A	G	F	E	O	C	O	L	A	A	R
I	L	R	I	L	R	C	R	T	A	T	E
T	A	I	R	O	B	A	N	A	N	E	F
U	D	Z	U	N	E	A	Y	A	F	E	A
R	E	T	H	J	I	I	O	P	W	T	S
E	A	L	A	I	T	C	P	A	I	N	I
I	S	E	N	I	R	A	D	N	A	M	L

trente-sept ● 37

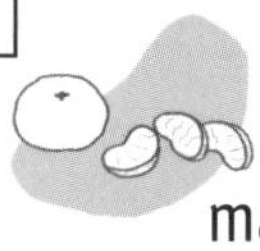

BD Zipp est dans la lune

1 Zipp va à l'épicerie. Barre le nom de tous les fruits pour savoir ce qu'il achète.

> Bonjour poire monsieur. Je voudrais pomme un kilo de riz bananes.

> Non ! abricot. Donnez-moi orange une pizza, s'il vous plaît pêche.

> Oui ! Ah non ! fraise, kiwi ! Donnez-moi orange une bouteille mandarine d'huile.

> C'est pomme combien ?

> Merci ananas. Au revoir !

> Très bien. C'est tout ?

> Voilà ! C'est tout ?

> Très bien.

> 10 €.

> Au revoir !

Zipp achète ....
....
....

2 Retrouve le texte de la méga sucette.

Texte en spirale : Bonjour ! Je voudrais un kilo de pommes, un litre de lait et quatre bananes, s'il vous plaît.

Bonjour ! Je ....
....
....
....
....

3 Écoute et coche d'une croix si c'est une question.

1	2	3	4	5	6
☐	☐	☐	☐	☐	☐

4 Phrases-puzzles.

1) un kilo de | lait, | Je voudrais | s'il vous plaît. | pêches | un litre de | et

Je voudrais ....

2) les bananes des Canaries | J'adore les champignons, | mais je | et le melon, | ananas. | n'aime pas les

5 boîte à sons — Si tu entends le son [v] de vache, coche d'une croix.

1) ☒ 2) ☐ 3) ☐ 4) ☐ 5) ☐ 6) ☐

Test : Es-tu un as en français ?

TU COMPRENDS TOUT ?

1 Lis et colorie.

Le petit frère de Marie porte un tee-shirt vert, un pantalon bleu et une casquette rouge.
Sa petite sœur porte une robe rose, des chaussettes jaunes et un chapeau noir.

score :   / 6

2 Colorie les aliments que Marie achète.

Je voudrais des oranges, des pommes, une salade et du fromage, s'il vous plaît.

score :   / 4

À TOI D'ÉCRIRE !

3 Trouve les 2 jours de la semaine préférés de Marie.

DI   DI   CRE   MAN   MER   CHE

.... et ....

score :   / 2

4 Complète ce texte.

parce qu' ▪ frère ▪ jouer ▪ est

Marie (1) .... très sympathique.

Elle a un (2) .... et une sœur.

Elle aime (3) .... au rugby (4) .... elle est très sportive.

score :   / 8

score total :   / 20

Le français et toi.

En français, je fais beaucoup de progrès, et toi ? Colorie.

J'avance petit à petit.

J'avance rapidement.

J'avance très très rapidement.

40 ● quarante

UNITÉ 7

1, 2, 3 ! SAMBA ! SAMBA !

1 Écoute et numérote les étiquettes.

- les yeux
- le pied
- la bouche
- l'oreille
- la jambe
- le cou
- le nez
- la main
- 1 - les cheveux
- le ventre
- la tête
- le bras

2 Complète les étiquettes.

les cheveux

quarante et un • 41

CAMEMBERT ET ROQUEFORT ADORENT LE FROMAGE

1 Où sont Camembert et Roquefort ? sur ? sous ? devant ? derrière ? dans ? à côté de ?

1) devant
2) .... 
3) .... 
4) .... 
5) .... 
6) .... 

2 Où est le fromage ? Complète.

1) - Où est le fromage ?

2) - Il est sur la table ?
- Non !

3) - Il est .... la chaise ?
- Non !

4) - Il est .... de la plante ?
- Non !

5) - .... la porte ?
- Non !

6) - Il est .... la radio ?
- Non !

7) - Ahhhh ! Je sais… !!!

8) - Il est .... ton ventre !!!

9) - Eh oui !!!

Écoute et vérifie.

LA SIESTE DES DUPONT

1 Observe l'illustration et écris les numéros dans les cases correspondantes.
Attention ! Il y a 6 numéros en trop !

7	a) Le vélo est devant l'arbre.	☐	f) Il y a 2 oiseaux dans l'arbre.
☐	b) Elle a un chapeau sur le ventre.	☐	g) Il y a une souris sous le fromage.
☐	c) Il y a des fourmis sur le gâteau.	☐	h) Il y a une araignée sur le nez de M. Dupont.
☐	d) Il y a un serpent derrière l'arbre.	☐	i) Il y a un livre à côté de la fille.
☐	e) Il y a des lunettes de soleil sous le pied de Mme Dupont.	☐	j) La fille dort à côté de son chien.

BD* J'ai un copain monstre

1 Observe les 2 petits monstres et entoure le / les bons numéros.

1) **2)**

a) Il a des longs bras. ① 2
b) Il a un gros nez. 1 2
c) Il a une grande bouche. 1 2
d) Il a un long cou. 1 2
e) Il a des grandes mains. 1 2
f) Il a des petites oreilles. 1 2
g) Il a des grands pieds. 1 2
h) Il a des petits yeux. 1 2
i) Il a une grosse tête. 1 2
j) Il a les cheveux courts. 1 2
k) Il a des longs doigts. 1 2
l) Il a des longues jambes. 1 2

2 Observe et complète.

Ahhhh ! Elle est magnifique !

1) Elle a un ....long.... nez. (long · longue)
2) Elle a une .... bouche. (petit · petite)
3) Elle a des .... oreilles. (grands · grandes)
4) Elle a une .... tête. (gros · grosse)
5) Elle a un .... cou. (court · courte)

3 Lis et colorie.

1) Fonsy a une grosse tête jaune et un gros nez rose. Elle a les mains rouges et les jambes vertes. Elle est très coquette.

2) Tatoum est orange. Il a les cheveux bleus et les oreilles vertes. Il a une grande bouche noire. Il est très sympathique.

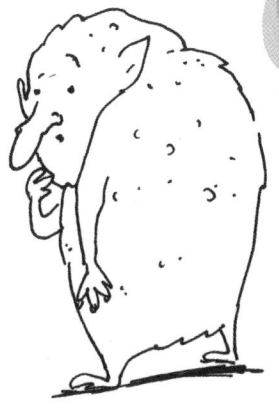

3) Zolon a les yeux petits et jaunes. Il est vert et il a une petite bouche violette. Il a un gros nez noir. Il est très timide.

4 Mots croisés. Trouve ces adjectifs. (Attention, ils sont dans tous les sens ↔ ↕ ↗ !)

court, long, petit, grand, antipathique, sympathique, beau, horrible

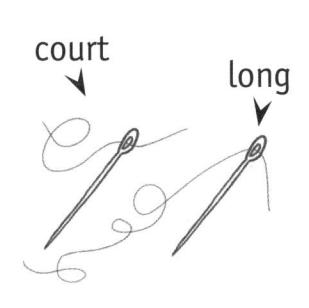

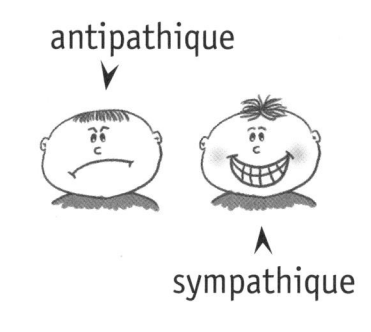

S	T	I	M	P	A	T	I	T	E	S	A
C	R	E	G	A	T	U	B	N	E	G	N
O	H	O	R	R	I	B	L	E	P	R	T
U	I	L	O	N	R	O	O	N	D	E	I
R	S	P	G	O	L	I	N	E	P	N	P
T	O	R	E	R	U	A	G	T	Y	O	A
I	M	P	A	T	A	Z	U	R	T	S	T
P	E	T	I	T	I	N	A	I	I	A	H
D	R	A	C	O	N	T	D	O	S	R	I
B	E	A	U	A	L	D	U	D	L	U	Q
Q	G	S	Q	D	C	A	F	E	N	S	U
A	S	Y	M	P	A	T	H	I	Q	U	E

5 boîte à sons Si tu entends le son [ɔ̃] de *maison*, coche d'une croix.

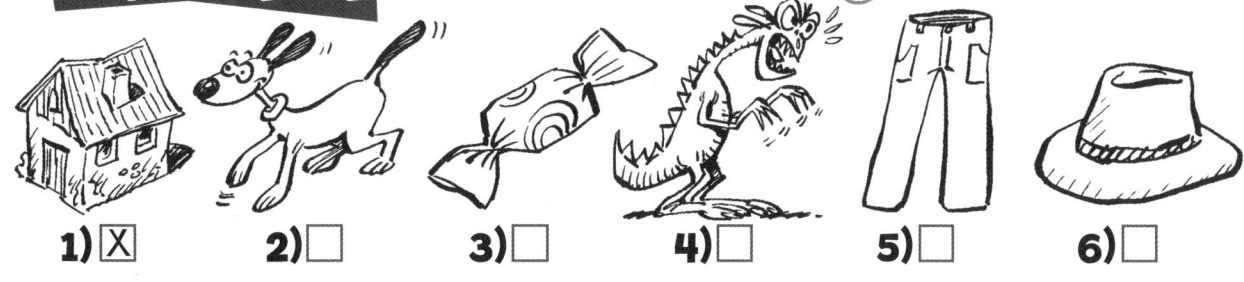

1) ☒ 2) ☐ 3) ☐ 4) ☐ 5) ☐ 6) ☐

quarante-cinq • 45

Révision

U7

1 Observe. Il y a 8 animaux cachés : où sont-ils ? Utilise les boîtes à mots.

lapin • souris • ver • araignée • chien • chat • perroquet • serpent

la chaussure • la porte • la plante • la pomme • la chaise • la table • la télé • le piano

Il y a…

1) une .... devant ....
2) un .... derrière ....
3) un .... dans ....
4) une .... sur ....
5) un .... sous ....
6) un .... derrière ....
7) un .... dans ....
8) un .... sous ....

score : / 16

2 Observe. C'est monsieur ou madame Dupont ? Complète.

1) le nez de .... Dupont
2) les yeux de .... Dupont
3) le genou de .... Dupont
4) l'oreille de .... Dupont
5) le bras de .... Dupont
6) la bouche de .... Dupont
7) la main de .... Dupont
8) les doigts de .... Dupont

score : / 8

score total : / 24

46 quarante-six

UNITÉ 8

LES MOIS DE L'ANNÉE

1 C'est quel mois ? Remets les lettres dans l'ordre et complète.

ralvi • rasm • mdéercbe • vjraeni • tûao • eseerpbtm

1) .... 2) .... 3) ....

4) .... 5) .... 6) ....

À toi !

2 Remets les mots dans l'ordre et écris la question. Ensuite, réponds.

mois • Quel • préféré • est • ton

.... ?

....

quarante-sept • **47**

BON ANNIVERSAIRE !

1 Lis et souligne la bonne option.

1) Aujourd'hui, c'est…
   a) le 9 décembre.
   b) le 9 mai.
   c) le 9 août.

2) C'est une date…
   a) historique.
   b) spéciale.
   c) sans importance.

3) C'est…
   a) une fête pyjama.
   b) l'anniversaire de Mamie.
   c) le carnaval.

4) Les enfants apportent…
   a) un gâteau.
   b) un cadeau.
   c) un perroquet.

5) Mamie est…
   a) contente.
   b) triste.
   c) malade.

6) Mamie a oublié…
   a) ses lunettes.
   b) son sac.
   c) la date de son anniversaire.

7) C'est une surprise…
   a) fantastique.
   b) horrible.
   c) originale.

8) Les enfants chantent…
   a) l'hymne national.
   b) une chanson des Beatles.
   c) « Joyeux anniversaire ! »

Écoute et vérifie.

2 Supprime les syllabes *tu*, *su* et *mu* et retrouve ce qu'ils disent.

> suTonmusutuansumunituversutusaimusututure
> musuc'esttumususumusuquandsumu ?

> tumusuAh ! tumusucom-
> musutumesusutumoisu !

> sutumuC'esttumusulemumutudix-
> mutuneuftumususeptutemsutumubre.

3 Écris dans la grille les objets que Mimi met dans sa valise et découvre où elle va.

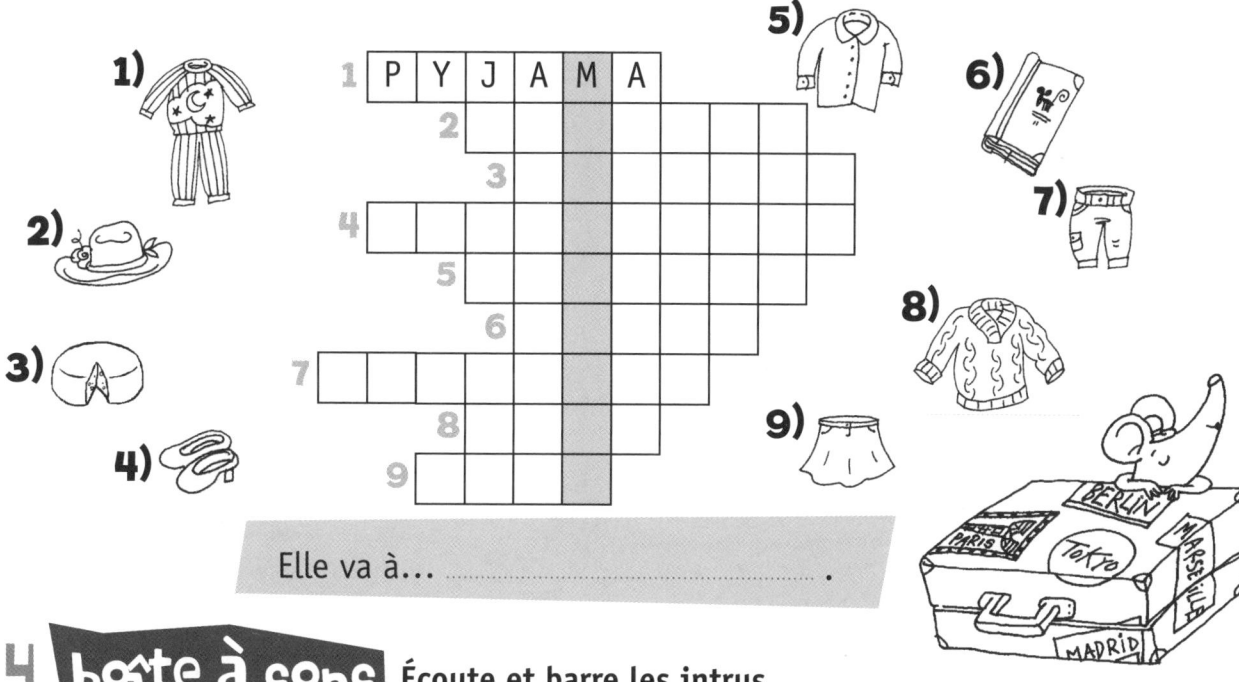

1)
2)
3)
4)
5)
6)
7)
8)
9)

1 P Y J A M A

Elle va à... ....

4 boîte à sons Écoute et barre les intrus.

a) 1 2 3 4 SALUT! 5

b) 1 2 3 4 5

c) 1 2 3 4 5

C'EST LA FÊTE !

1 Complète les dialogues à l'aide de la boîte à phrases.

> Moi, j'adore les gâteaux au chocolat ! ▪ Qu'est-ce qui se passe ? Pourquoi il pleure ? ▪ Merci, merci ! Et toi, tu es génial avec ta chemise jaune ! ▪ Ah oui, il est là... Il dort.

1)

Oooooh ! Tu es magnifique avec ta robe rouge !

....

Merci !

2)

....

Il est tombé !

Oh ! le pauvre !

3)

....

Mmmm ! J'adore les sandwiches au jambon ! Et toi ?

Moi, j'adore les 2 !!!

4)

Où est Wouaf ?

Je ne sais pas... regarde sous la table.

C'est pas possible !!!

....

Écoute et vérifie.

2 Trouve les 7 différences.

A

B

Clément — Bernard — Isabelle — Paul

Clément — Bernard — Isabelle — Paul

Image A

1) Paul porte des baskets.
2) Il y a un corbeau sur l'arbre.
3) Il y a des hamsters au pied de l'arbre.
4) Bernard a une bouteille.
5) Isabelle porte un pantalon.
6) Clément porte un tee-shirt.
7) Il y a 7 biscuits sur le plateau.

Image B

1) Il porte des chaussures.
2)
3)
4)
5)
6)
7)

Test : Es-tu un as en français ?

TU COMPRENDS TOUT ?

Coche d'une croix la bonne réponse.

1 point par réponse correcte !

1) Qui est-ce ?
   a) C'est un dictionnaire. ☐
   b) C'est mon frère. ☐
   c) C'est super ! ☐

2) Qu'est-ce que c'est ?
   a) C'est Léa. ☐
   b) C'est un ami de Pauline. ☐
   c) C'est un cadeau. ☐

3) Comment est Zipp ?
   a) Il est intelligent. ☐
   b) Elle est petite. ☐
   c) Il a 13 ans. ☐

4) Où est le cartable ?
   a) Rouge et bleu. ☐
   b) Sous la table. ☐
   c) Super ! ☐

5) Quel âge a ton chien ?
   a) Il est très sympa. ☐
   b) 8 ans. ☐
   c) Il est marron et blanc. ☐

6) Comment ça va ?
   a) Elle est fantastique ! ☐
   b) Très bien, et toi ? ☐
   c) Tu es génial ! ☐

7) De quelle couleur est ton pantalon ?
   a) Bleu et gris. ☐
   b) Il est très grand. ☐
   c) Il est moderne. ☐

8) Qu'est-ce que tu fais ?
   a) Je suis contente. ☐
   b) Elle travaille. ☐
   c) Je téléphone. ☐

9) C'est ta trousse ?
   a) Non, il est bleu. ☐
   b) Oui, c'est ma trousse. ☐
   c) Oui, c'est sa trousse. ☐

10) Comment s'appelle ton petit frère ?
    a) Jean. ☐
    b) 10 ans. ☐
    c) Un petit chat. ☐

score : / 10

Tu aimes le français ? Colorie ton étiquette.

Le français et toi.

Non ! | Bof ! | Comme ci comme ça ! | Oui, c'est super !

Oui, c'est fantastique ! | C'est l'horreur !

52 ● cinquante-deux

Mon Dico

UNITÉ 1

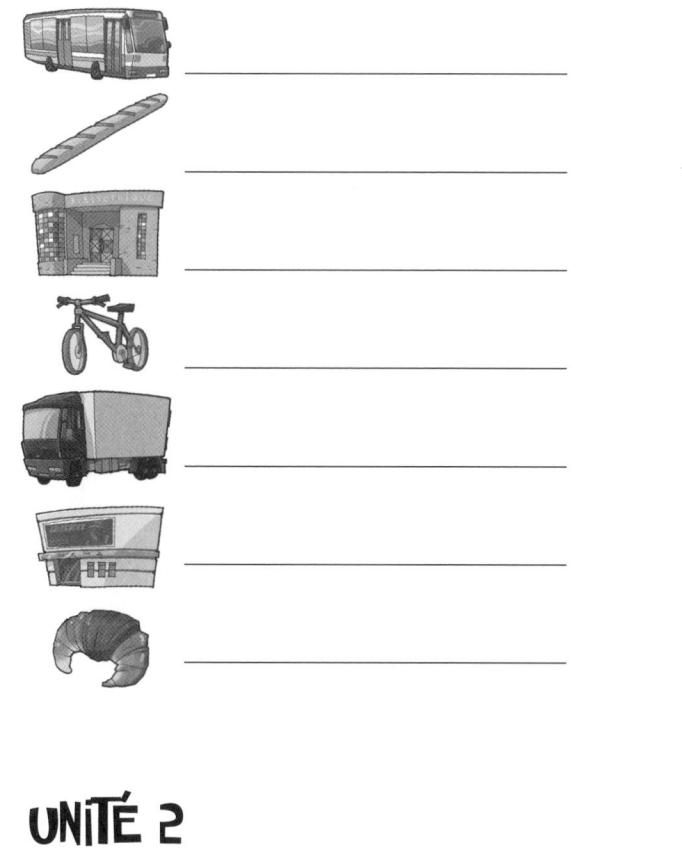

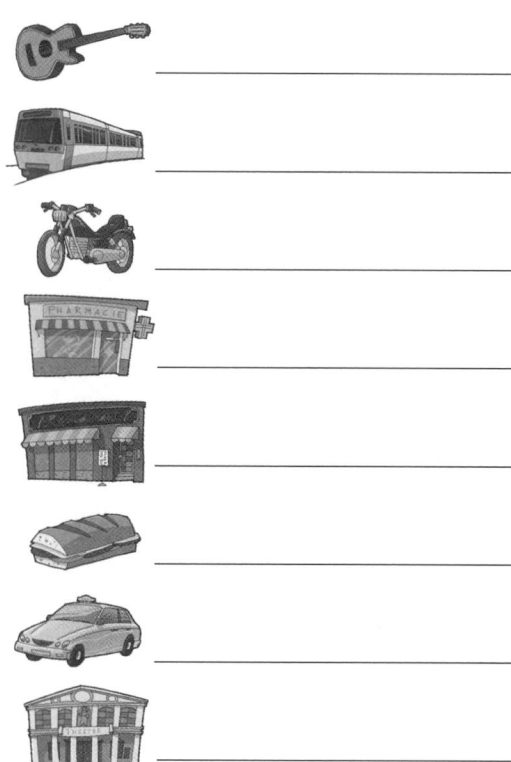

UNITÉ 2

Mon Dico

UNITÉ 3

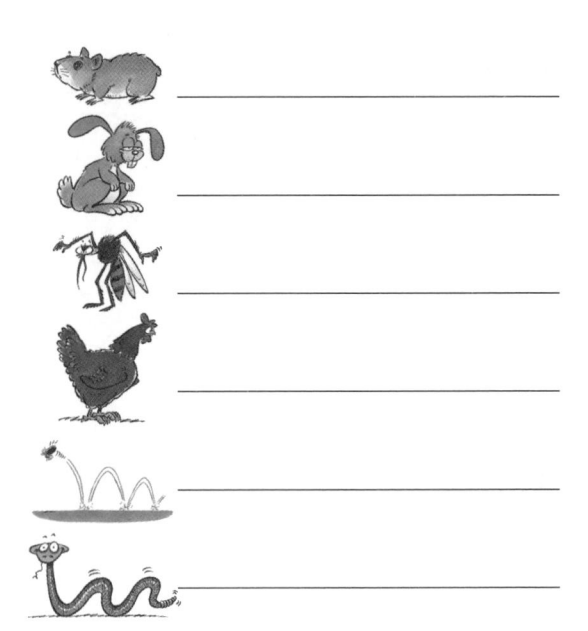

UNITÉ 4

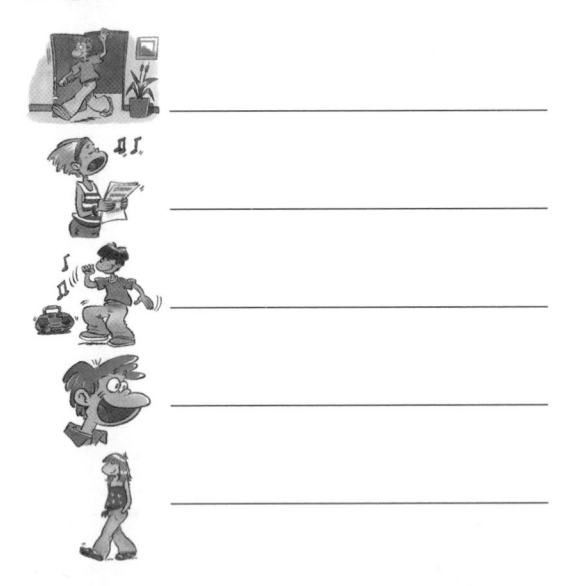

54 cinquante-quatre

UNITÉ 5

_____

_____

_____

_____

_____

_____

_____

_____

_____

_____

_____

_____

_____

_____

UNITÉ 6

_____

_____

_____

_____

_____

_____

_____

_____

_____

_____

_____

_____

_____

_____

_____

_____

cinquante-cinq • 55

Mon Dico

Unité 7

cinquante-six

C'est moi !

Je m'appelle

Mon anniversaire, c'est le

J'ai .... ans.

Colle ici ta photo ou dessine ton portrait.

Mon adresse :

Ma signature :

biographie langagière

MON ÉCOLE

Mon école s'appelle : _____

Adresse : _____

Classe : _____

En classe, nous sommes _____ élèves.

J'ai _____ professeurs.

Mon professeur de français s'appelle _____

MES COPAINS / COPINES

Nom : _____   Nom : _____

Prénom : _____   Prénom : _____

Adresse : _____   Adresse : _____

Téléphone : _____   Téléphone : _____

Nom : _____   Nom : _____

Prénom : _____   Prénom : _____

Adresse : _____   Adresse : _____

Téléphone : _____   Téléphone : _____

MES CONTACTS AVEC D'AUTRES LANGUES ET D'AUTRES CULTURES

LANGUES

Je parle _____ avec _____

Je parle _____ avec _____

Je parle _____ avec _____

Je comprends aussi et je parle un peu…

le / l' _____

le / l' _____

le / l' _____

J'aimerais aussi parler…

le / l' _____

le / l' _____

le / l' _____

biographie langagière

VOYAGES À L'ÉTRANGER

en famille   en voyage scolaire

Pays : _____

_____

Villes : _____

_____

MONUMENTS D'AUTRES PAYS

Je connais la tour Eiffel (Paris, France), _____

_____

_____

PLATS D'AUTRES PAYS

Je connais la pizza (Italie), _____

_____

_____

biographie langagière

UNITÉ 1

Complète les 😊

Je peux faire... très bien. 😊
assez bien. 😐
pas très bien. 🙁

1 Salut Clément, ça va ?
Oui, super !
Wouaf, wouaf !

Je peux saluer une personne. 🙂

Comment tu t'appelles ?
Je m'appelle Alex.

Je peux me présenter. 🙂

3 Comment il s'appelle ?
Wouaf !
Wouaf ?! Très original !!!

Je peux présenter une personne. 🙂

1 un 2 deux 3 trois 4 quatre 5 cinq
6 six 7 sept 8 huit 9 neuf 10 dix

Je peux compter jusqu'à 10. 🙂

Je peux prononcer le son [ã] d'éléph**an**t. 🙂

Je chante en français.

Je récite la comptine.

Je joue et je m'amuse.

Je travaille en petits groupes.

J'écoute et je lis la BD.

Je participe à une activité de théâtre.

Compétences de base impliquées :

Compétence sociale et civique

Compétence mathématique

auto-évaluation 5

UNITÉ 2

Complète les 😊

Je peux faire... très bien. 😊
assez bien. 😐
pas très bien. ☹️

— Qu'est-ce que c'est ? — C'est un stylo ?
— Oui !

Le cahier est marron.

Je peux identifier un objet. 😊

Je peux décrire un objet et indiquer sa couleur. 😊

Je suis génial !

Je peux caractériser une personne. 😊

Je peux nommer mon matériel scolaire. 😊

Je chante en français.

Je récite la comptine.

Je joue et je m'amuse.

Je travaille en petits groupes.

J'écoute et je lis la BD.

Je fais des petites dramatisations.

Je dessine une BD.

Je donne mon opinion sur le français.

Je peux reconnaître le son [R] de *souris*. 😊

Compétences de base impliquées :

Compétence culturelle et artistique

Apprendre à apprendre

6 auto-évaluation

FRANCE MAGAZINE 1

Complète les " "

Je peux faire... très bien. ☺
assez bien. 😐
pas très bien. ☹

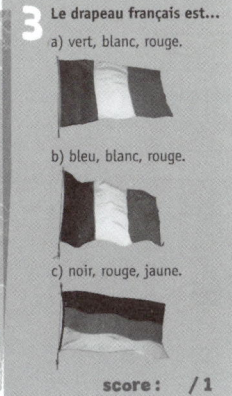

1 La capitale de la France, c'est...

a) Rome.   b) Londres.   c) Paris.

score : /1

2 La France a la forme...

a) d'un carré. ■
b) d'un triangle. ▲
c) d'un hexagone. ●

score : /1

3 Le drapeau français est...

a) vert, blanc, rouge.
b) bleu, blanc, rouge.
c) noir, rouge, jaune.

score : /1

4 En France, il y a un parc d'attractions très célèbre. C'est...

a) Port Aventura.   b) Disneyland Paris.   c) Alton Towers.

score : /1

5 Voici 5 personnages historiques. Trouve les 3 personnages français.

a) Napoléon   b) Jeanne d'Arc
c) Cléopâtre   d) Louis XIV   e) Jules César

score : /3

Je peux répondre à des questions faciles sur la géographie, l'histoire et la culture françaises. ☺

Si je ne connais pas une réponse, je recherche sur Internet ou dans une encyclopédie. ☺

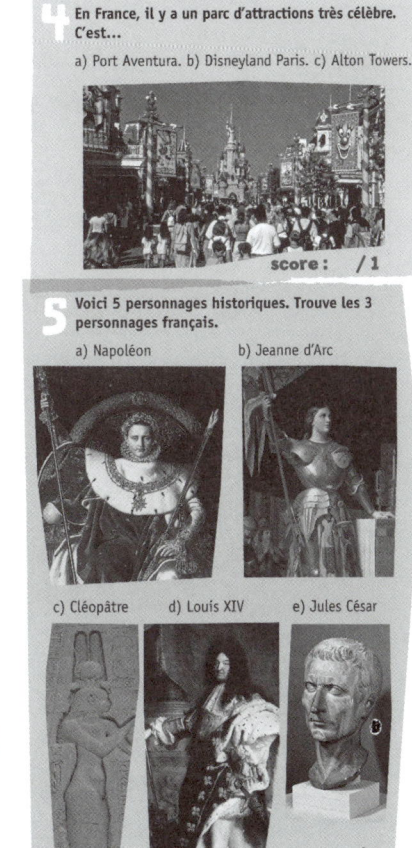

Je teste mes connaissances sur la géographie, l'histoire et la culture françaises.

Je recherche des informations sur Internet ou dans des livres.

Compétences de base impliquées :

✋ **Culture scientifique et interaction avec le monde réel**

@ **Traitement de l'information et culture numérique**

auto-évaluation   7

UNITÉ 3

Complète les
Je peux faire... très bien. 😊
assez bien. 😐
pas très bien. ☹

Je peux identifier une personne et dire son âge. 😊

Je peux faire une appréciation. 😊

Je peux compter jusqu'à 20. 😊

Je peux nommer certains animaux. 😊

Je peux prononcer le son [y] de *tortue*. 😊

Je chante en français.
Je récite la comptine.
Je joue et je m'amuse.
Je travaille en petits groupes.
J'écoute et je lis la BD.
Je fais des petites dramatisations.
Je fais une activité manuelle : une salière.

Compétences de base impliquées :
➕ Compétence mathématique
🎨 Compétence culturelle et artistique

auto-évaluation

UNITÉ 4

Complète les 😊
Je peux faire... très bien. 😊
assez bien. 😐
pas très bien. ☹

Je peux décrire des actions. 😊

J'aime la musique.
Je n'aime pas la natation.

Je peux exprimer mes goûts. 😊

Jacques a dit : Chantez !
La la la la...

Je peux prononcer le son [ʃ] de chat. 😊

Je peux identifier un ordre. 😊

Je chante en français.
Je récite la comptine.
Je joue et je m'amuse.
Je travaille en petits groupes.
J'écoute et je lis la BD.
Je fais des petites dramatisations.
J'illustre mes goûts sous forme de cœur.

Compétences de base impliquées :

- Compétence culturelle et artistique
- Autonomie et initiative
- Culture scientifique et interaction avec le monde réel

auto-évaluation

FRANCE MAGAZINE 2

Complète les
Je peux faire... très bien. 😊
assez bien. 😐
pas très bien. ☹️

Animaux en pleine nature

Le parc national de la Vanoise

Le parc national des Pyrénées

Le Parc de la Camargue

dico illustré
le sud
en été
en hiver
la forêt
un delta
se cacher derrière un arbre

Je connais certains détails sur la vie des animaux dans les parcs nationaux français. 😊

J'ai quelques notions de géographie française. 😊

Je sais rechercher des informations supplémentaires sur Internet. 😊

Je découvre les parcs nationaux français : leur emplacement, la vie des animaux, la nature...

Je recherche des informations sur Internet.

Compétences de base impliquées :

Culture scientifique et interaction avec le monde réel

Traitement de l'information et culture numérique

10 auto-évaluation

UNiTÉ 5

Complète les 😊

Je peux faire... très bien. 😊
assez bien. 😐
pas très bien. ☹

Je peux présenter ma famille. 😊

La mère s'appelle Tuttifrutti parce qu'elle porte une robe de toutes les couleurs.

Je comprends la différence entre *pourquoi* et *parce que*. 😊

Je peux compter jusqu'à 50. 😊

Je peux nommer certains vêtements. 😊

Je chante en français.

Je récite la comptine.

Je joue et je m'amuse.

Je travaille en petits groupes.

J'écoute et je lis la BD.

Je fais des petites dramatisations.

Je crée les figurines d'une famille imaginaire.

Je peux reconnaître le son [z] de *zèbre*. 😊

Compétences de base impliquées :

- Culture scientifique et interaction avec le monde réel
- Compétence culturelle et artistique
- Compétence mathématique

auto-évaluation

UNITÉ 6

Complète les 💬

Je peux faire... très bien. 😊
assez bien. 😐
pas très bien. ☹️

Donnez-moi 1 kg de tomates, s'il vous plaît.

Je peux demander poliment. 😊

Bonjour, je voudrais un kilo de...

Je peux reconnaître les formules d'achat. 😊

Je peux nommer certains aliments. 😊

Je chante en français.

Je récite la comptine.

Je joue et je m'amuse.

Je travaille en petits groupes.

J'écoute et je lis la BD.

Je participe à une activité de théâtre.

Je donne mon opinion sur le français.

Je peux prononcer le son [v] de *Ver*. 😊

Compétences de base impliquées :

Culture scientifique et interaction avec le monde réel

Compétence sociale et civique

Apprendre à apprendre

12 ● auto-évaluation

FRANCE MAGAZINE 3

Complète les
Je peux faire... très bien. 😊
assez bien. 😐
pas très bien. ☹

Théo, c'est qui ?

Bonjour ! Je m'appelle Théo. J'ai 9 ans. J'habite à Dijon. Dans l'est de la France.

... ou le roller. Ici, avec ma cousine Marie, qui habite à Paris.

Dijon est la capitale de la moutarde. Moi, j'adore ça... C'est fort et ça pique !

Je m'intéresse à la vie quotidienne d'un jeune français : sa famille, ses goûts, ses habitudes, ses loisirs... 😊

J'ai des notions de géographie française. 😊

Je sais rechercher des informations sur la ville de Dijon. 😊

Je découvre la vie quotidienne d'un jeune français.

Je recherche des informations supplémentaires sur Internet.

Compétences de base impliquées :

- Culture scientifique et interaction avec le monde réel
- Traitement de l'information et culture numérique

auto-évaluation

UNITÉ 7

Complète les 😊
Je peux faire...   très bien. 😊
assez bien. 😐
pas très bien. ☹

Il a une grosse tête, une grande bouche et des petits yeux !!!

Ooooh !!!

DEVANT   SOUS   À CÔTÉ (DE)
DERRIÈRE   SUR   DANS

Je peux situer dans l'espace. 😐

Je peux décrire une personne. 😊

Je peux prononcer le son [ɔ̃] de *dragon*. 😐

Je peux nommer certaines parties du corps. 😐

Je chante en français.
Je récite la comptine.
Je joue et je m'amuse.
Je travaille en petits groupes.
J'écoute et je lis la BD.
Je fais des petites dramatisations.
J'écris une poésie à partir d'un modèle.

Compétences de base impliquées :

Culture scientifique et interaction avec le monde réel

Compétence culturelle et artistique

auto-évaluation

UNITÉ 8

Complète les 😊

Je peux faire...   très bien. 😊
assez bien. 😐
pas très bien. ☹️

Mon anniversaire, c'est le 21 janvier.

Je peux dire la date de mon anniversaire. 😊

Je révise le vocabulaire que j'ai appris. 😊

Je peux dire le nom des mois de l'année. 😊

Je chante en français.

Je joue et je m'amuse.

Je travaille en petits groupes.

J'écoute et je lis la BD.

Je fais des petites dramatisations.

Je donne mon opinion sur le français.

Je révise les sons que j'ai appris. 😊

Compétences de base impliquées :

Apprendre à apprendre

Compétence sociale et civique

auto-évaluation 15

ViTAMiNE 1 et le Cadre européen commun de référence pour les langues

NIVEAU A1(1)

COMPRENDRE : ÉCOUTER

Je peux comprendre des informations simples (mots et expressions) sur moi-même, sur ma famille et sur mon environnement, si les gens parlent lentement.

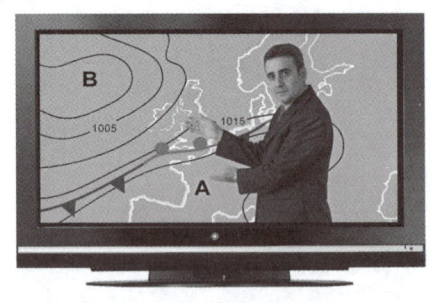

COMPRENDRE : LIRE

Je peux comprendre des mots familiers et des phrases très simples, par exemple dans des publicités ou des catalogues.

PARLER (dans une conversation)

Je peux...
- communiquer, de façon simple, si mon interlocuteur parle lentement et s'il m'aide à formuler ce que j'essaie de dire.
- poser des questions simples.

PARLER (en continu)

Je peux utiliser des expressions et des phrases simples pour parler de moi-même, décrire mon environnement et les gens que je connais.

ÉCRIRE

Je peux remplir une fiche ou un questionnaire simples.

NOM : _____
PRÉNOM : _____
ÂGE : _____
ADRESSE : _____
E-MAIL : _____

CECRL